●シリーズ福祉に生きる

71 久保寺保久

高野聡子／著

おおぞらしゃしゅっぱん
大空社出版

お読みになる人へ

〝福祉は「人」なり〟という言葉があります。この言葉は、福祉を職業とする者、またボランティアとして活動する者、さらに市民として福祉を担い、同時に主権者として福祉を考えるものにとって、重要なポイントとなります。その「人」、とりわけ多くの先駆者、先輩から、私たちは自らの在り方をしっかりと学ぶ必要がありましす。しかし今まで福祉を築いた人々については、余り知られてきませんでした。とくに地方の人々については、とらえられることがほとんどありませんでした。著名な人でも、その人の人生の中で、なぜ、福祉が実践され、どのような想いで展開されたかについては、深く探究されたことは少なかったのです。それは福祉を学ぶ者、また福祉を願う者、福祉をうちたてる者にとって、さらに国民全体にとって不幸なことでした。

このシリーズは、以上のような状況に対し、新しい地平をきりひらくため、積極的に福祉の先駆者、先輩の伝記を改めて探究し、書きおろしたものです。

是非、多くの人々が手にされ、しっかりと読んでいただけることを、願ってやみません。

一九九八年一二月　　一番ヶ瀬　康子

目次

久保寺　保久

久保寺保久　昭和 17 年撮影

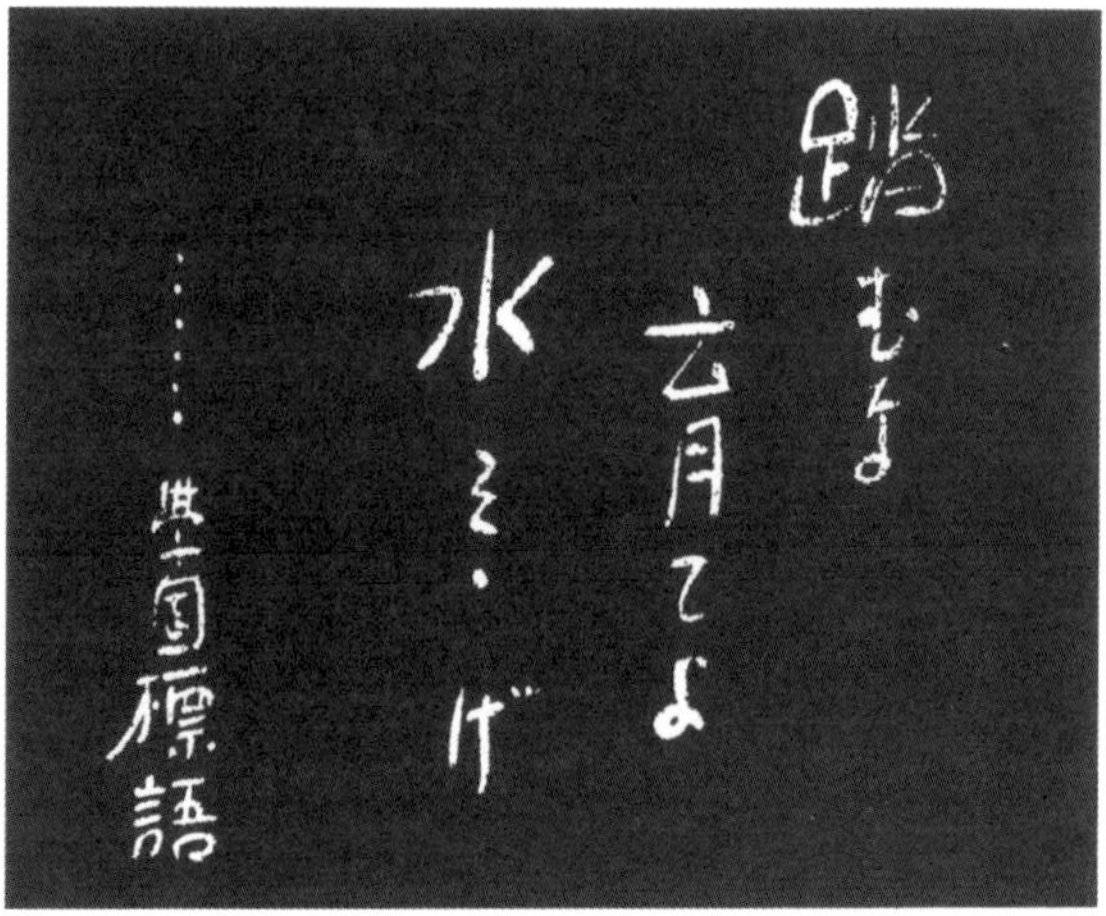

学園標語

はじめに

知的障害のある子どもの施設、八幡《やわた》学園を創設した初代園長、久保寺《くぼでら》保久《やすひさ》の生涯、そして彼と八幡学園について足跡をたどってみよう。

久保寺保久は、知的障害のある子どもの、よりよい暮らしを常に考え、それを行動に移す人物であった。もちろん、これは当時の知的障害のある子どもの施設（精神薄弱児施設）のそれぞれの園長も、同じく取り組んだことである。だが、久保寺には特に秀でた能力と実践力があった。それは、知的障害のある子どもやその家族が抱える問題を、解決するための方策を組み立てる能力である。とくに彼は時代の趨勢を的確に読み取り、誰にどのような手法で働きかければ、問題が解決に至るかを明断し行動していた。詳細は本書をお読みいただきたいが、その一つが精神薄弱児保護法の制定運動である。

八幡学園が広く知られているのは、貼絵やクレパス画で一人ひとりの能力に応じた指導で特異の才能を発揮出来た学園児、特にあの「裸の大将」として知られている山下清等の一群の学園児がいた施設と言った方がわかりやすいかもしれない。その学園を創ったのが、久保寺であった。

久保寺はいったいどんな人柄であったろうか。久保寺の右腕であった八幡学園の渡辺実（当時は主事）の記した内容を紹介する。

外出先で学園に預かっている（子どもの）家庭が近いときは、必ず訪問して居り、そしてその家庭に小さい兄弟が居る場合、駄菓子屋でメンコなどを買っておみやげにしていた…

そのため、帰りの京成電車賃が不足して、今日は市川から歩いて来た等と話されていた事もあった。

また園児でも、よその子でも、鼻をたらして居れば、自分のハンカチでかんでやり…外出より帰園して園児の入浴を（世話し）、モーニング姿で、薪をくべている姿、まこと児童一筋の生涯でありました。
（「創設者久保寺保久先生の記」『社会福祉法人八幡学園創立六十周年記念誌』二一頁）

渡辺の言葉から、公私を問わず、つねに知的障害のある子どもやその家族に寄り添っていた久保寺の姿が目に浮かぶ。

また、愛護協会の設立過程で準備委員会の一員である長野幸雄（当時、小金井治療教育所の主任）は、左記のように述べている。

久保寺先生は行動的で、忙しそうに…回って、不幸な境涯に苦しんでいる精神薄弱児を探し出して、自宅にかくまったり、東京都（当時市）庁の他、方々の役所に出かけて、そのための費用を引き出したり、高度の実践家であった。

（「八幡学園の初代の園長　久保寺保久先生と私」『創立六十周年記念誌』八八頁）

長野の言葉から久保寺が学園の外でも知的障害のある子どもと向き合っていたことが伝わってくる。

ところで久保寺が現在の障害児福祉や特別支援教育を目にしたら何を私たちに問うであろうか。高い評価を得ることができるだろうか、それとも先の時代を見越した助言を示してくれるだろうか。久保寺は、道半ば、戦時中（昭和一七年一二月二四日）に五二歳で亡くなっている。やり残したことは多々あったと思うし、疲労困憊であったと思う。そして何より戦後復興期に先を見通す力を持った彼の存在がなかったことは、障害児福祉と障害児教育にとって残念で仕方がない。

本書では、久保寺の執筆原稿、八幡学園の要覧（いわゆるパンフレット、リーフレット）、八幡学園現存の学園日誌といった史資料を収集し、さらに多角的な視野を維持するため八幡学園を紹介した当時の新聞記事や関連書籍、先行研究等も収集し、文献研究の手法を採用した歴史研究によって執筆した。本書から久保寺の人柄が感じ取れれば、著者の望外の幸せである。

・引用文中、旧漢字は新字体に改め、旧かなはそのままとしました。
・収録写真のうち、出典記載のないものは『社会福祉法人八幡学園創立六十周年記念誌』（昭和六三年、八幡学園発行）より採ったものです。
・今日の人権意識上、言い換えるべき不適切な表現もみられますが、歴史的用語としてそのまま使用しました。
・原則として敬称は略しました。

久保寺保久と八幡学園の教師が、知的障害のある子どもとどのように向き合っていたのか、その精神がよく表現された文章を掲載します。これは昭和一五年に八幡学園が一五銭で販売した『特異児童を護れ』（八幡学園叢書第一輯）の一八～二〇頁に掲載された文章です。

学園教師が特異児童を友とする心

昭和15年　久保寺保久記

◇児童をみつめる心

特異の性質、情感、才能を把握せんが為めに児童の真意と傾向とに対して細心親切なる注意と観察とがなされる。児童を静かに辛抱強くみつめる心こそは児童を護る教師の初発の大切な心構でありこれによってのみ児童の個性が誤りなく認められる医学的診断、心理学的検査に満足せぬ教師の熱情は直に児童の味方として友として「愛の教育」の出発点を見定め得るのである。即ち特異なる個性の上に生きる道を打開し転化向上の契機とする心を強めるものである。児童をその欠陥の自然の姿に於て正しく認識することは教導の上に肝要の事である。児童を諦視せよ。

◇児童にゆるす『遊び』の心

不自然な厭抑〔ようよく〕、無慈悲の嘲罵から開放された自由の天地は、児童が暢然と呼吸し『ひそめるもの』『かくれたるもの』を伸ばす世界である。『児童を其の純真と美徳とに帰せ！』とは学園教師が祈り且つ念ずる心であるが、一方「大きな遊び」こそは児童に許容し且つ奨励する教師の心構である。凡ゆる材料と用具と機会とが用意され提供され桎梏なき自由の遊びの裡に創造能力の特異性を見、造形的な意と構成的活動の萌芽を見る。而して、快適性と心意発舒の契機が探究発見される。「遊び」より「遊び」へ移り行く児童の心意に対する教師の観察と判断とは並々ならぬ努力を要するものであるが「遊び」のうちに萌え出でる才能の芽こそ愛育し啓培し長養すべきである。

◇児童にふさわしき環境、抑へぬ心、責めぬ心、叱らぬ心

　順応とかくに困難な児童は知的水準の低き世界に楽しき世界を見出す。事物の理解も鈍く推理も判断も皮相に走りがちの児童に対しては宜しく温かき心と柔しき態度と和らいだ顔色と、ゆるやかの語調とを以って接触せねばならね。身神に欠陥ある児童にふさわしきゆとりのある環境こそ望ましきものであって、抑えぬ心、責めぬ心、叱られぬ心は教師の常に抱く信條である。

◇児童を生かす『共同労作』の心

欠陥児の常として、我利に走り自己中心的に傾く。個別的な特異性認識について平安自由の境地に心意の発舒伸展が見られ、性能に応じ適当な位地と作業とを有することとなろう。利己的な単一な別個の存在は学園教師の組織的な日常生活上の訓練のうちに又、身体的鍛錬のうちに不知不識、教師と児童との共同体への依存の風を馴致し、一人一人が全体に関連して意味あらしめる様に教導しゆく。教師と児童との一体化と小さき天地に自律自動の共同作業団が現出する。ここに児童全般の心意は和楽霊活そのものである。「児童は何事をか為し能ふ」と児童愛の語はいふ。然り欠陥児も特異の存在のうちに個性味豊かの芸能を又技術を如実に示すものである。訓練されたる児童の集団的労作は立派に生産的機構に参加し得らるるものであることを確信する。

（『社会福祉法人八幡学園創立六十周年記念誌』より。表記は原文のママ、（　）でよみを付した）

第一章　八幡学園を創設するまで

1　勉学に励んだ青年期の久保寺保久

久保寺保久は明治二四（一八九一）年一〇月二四日、東京市下谷区下谷西町（現台東区東上野）で生まれた。生家の下谷区下谷西町一番地は合羽橋の辺りで、父、辰五郎は洋食器製造を営んでいた。彼の幼少期から青年期までを辿っていくと、彼は八歳で下谷区下谷北稲荷町の同善尋常高等小学校に入学し、同小学校尋常科卒業後、同小学校高等科に進学している。この同善尋常高等小学校は盛雲寺の住職、久保田量壽が開いた私立学校であった。

高等科卒業後は、家風の丁稚奉公に従い一五歳から城北銀行の雑用係として働き、仕事を終えてから正則中学校の夜学部に通った。仕事と勉学を両立させる日々が続いたが、明治三九（一九〇六）年、（後日事実は判明するものの）他人の金銭上の間違いの責を負い彼は城北銀行を退職する。城北銀行退職後は日本興業銀行に再就職し、三年間勤務する。日本興業銀行では、お茶くみ、上役の服の手入れ、靴磨きなどの仕事をし、これらの仕事は久保寺の人生修養になったといわれている。

明治四二（一九〇九）年日本興業銀行を退社し、久保寺は一九歳で私立東京開成中学校二年に編入する。しかし開成中学校では、教師の不品行を責めたがゆえに二二歳で退校することになる。その後、錦城中学校に転校し、大正二（一九一三）年二三歳で錦城中学校を卒業する。そして久保寺は大学予科の第一高等学校に入学している。大学予科は、大学（とくに当時の帝国大学）に進学するための教育機関としての意味も持っていた。父、辰五郎は家業の洋食器製造を継ぐには中学卒業程度で良いと考えていたため、高等学校進学の許可を得るには相当の説得が必要であった。なおこの頃、大正三年に実家は本所区（現墨田区）向島三丁目に転居している。

そして大正五（一九一六）年七月、久保寺二六歳の時、東京帝国大学英法科に入学する。入学後は体調を崩し、大正七年秋から九年春までのおよそ一年半病気休学している。大正九（一九二〇）年九月体調が回復すると京都帝国大学文学部哲学科に転学、在学中の大正九年、三〇歳で石本美智子（一九〇一―一九九六）と結婚し、同年、後に八幡学園の二代目園長となる長男光久（一九二〇―二〇一二）が生まれる。

京都帝国大学では、社会学者の米田庄太郎（一八七三―一九四五）、心理学者の野上俊夫（一八八二―一九六三）、心理学者の岩井勝二郎（一八八六―一九三七）の講義を受け、とくに米田は後に久保寺が設立する八幡学園で名誉顧問として名を連ねた。米田は久保寺在学中の京都帝国大学文学部社会学講座の教授で、大正一四（一九二五）年三月まで教授として勤める一方、大原社会問題研究所の初期の幹部でもあり、社会事業に高い関心を持った人物でもあった。

2　京都帝国大学卒業と
大阪府立修徳館での障害のある子どもとの出会い

久保寺は、大正一二（一九二三）年三三歳で京都帝国大学を卒業、同時に高等学校の哲学概説と心理及び論理《ママ》の教員免許状を取得する。彼は大学在学中から不良少年の問題に強い関心を持っていたが、大学卒業後、大正一二年八月に不良少年のための感化教育施設、大阪府立修徳館に教諭として就職する。大阪府立修徳館は不良少年を対象にした施設であったが、当時の大阪府立修徳館には精神低格者、精神病的中間者、知能欠陥児と呼ばれるような不良少年とは違った教育と支援を必要とする子どもも入所しており、なかには知的障害を疑う子どももいた。不良少年の施設ではあったが、久保寺は様々な教育や支援を必要とする子どもと教諭として向き合うことによって、知的障害のある子どもの教育の必要性を実感したのであった。当時、知的障害のある子どもの施設は、精神薄弱児施設と呼ばれ、全国には、創設順に滝乃川学園（東京府）、白川学園（京

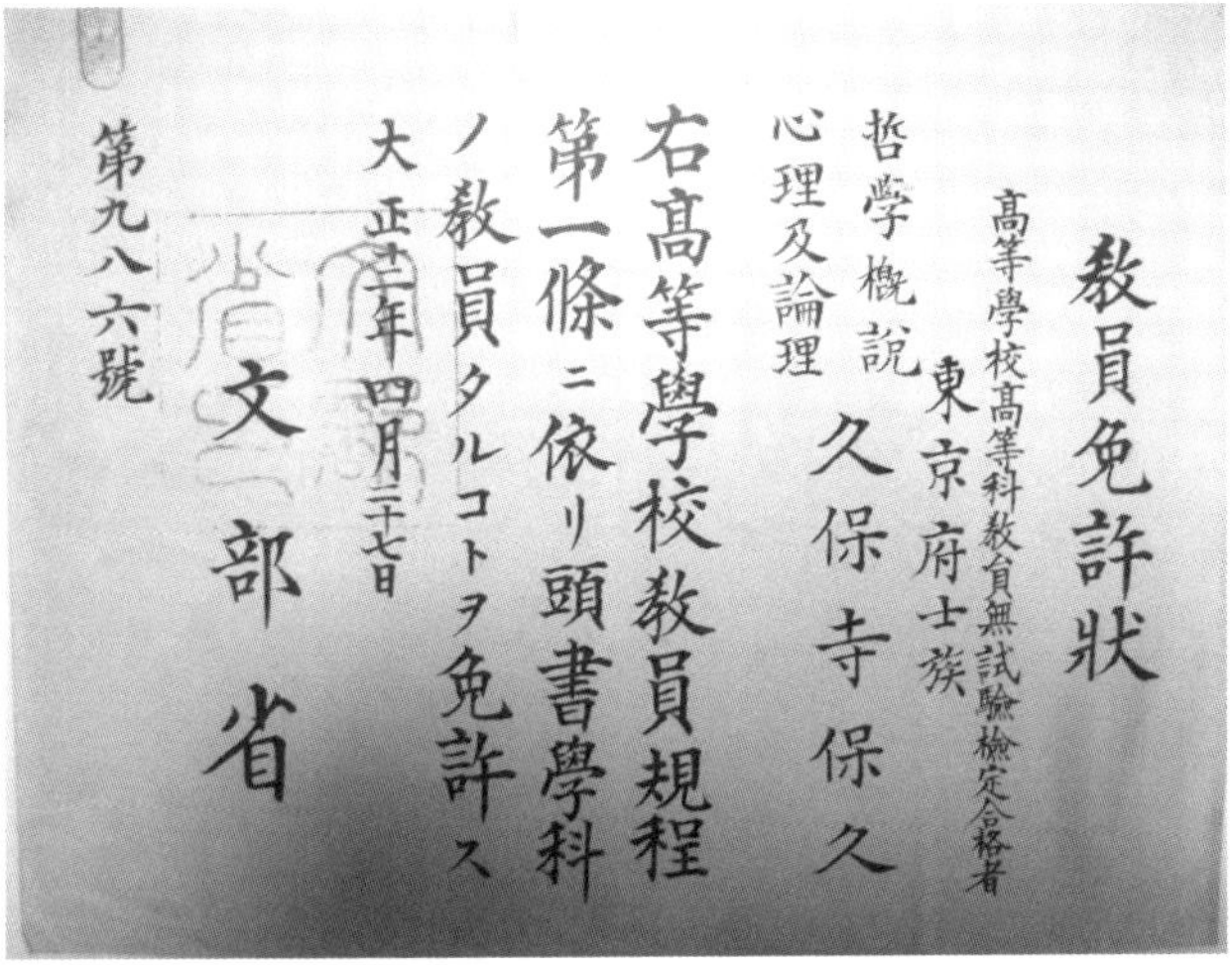

教員免許状
高等學校高等科教員無試驗檢定合格者
東京府士族
哲學概説
心理及論理
久保寺保久
右高等學校教員規程第一條ニ依リ頭書學科ノ教員タルコトヲ免許ス
大正十三年四月二十七日
文部省
第九八六號

旧制高校教員免許状　久保寺玲氏所蔵

都府）、桃花塾（大阪府）、藤倉学園（東京府）、筑波学園（茨城県）のわずか五つしかなかった。久保寺は、大阪府立修徳館で知的障害のある子どもと出会ったことで、さらには精神薄弱児施設が全国に数か所しかない現状を認識した。いずれは自らの手で知的障害のある子どものために、精神薄弱児施設を作ろうと決意したのであった。

大阪府立修徳館での教諭としての勤務期間は半年余りで、大正一三年四月退職する。というのも前年九月に関東大震災が発生し、向島の実家

自然に囲まれた八幡での学園　昭和４年

が焼失、長男であった久保寺は家政のため東京に戻る。それが退職理由であった。なお、大正一三年四月には長女の美弥子（一九二四―一九五九）が生まれている。

東京に戻って、大正一四（一九二五）年一〇月、実家も落ち着き千葉県東葛飾郡八幡町《やわたまち》（現在、千葉県市川市）に移住する。これより一年前に五七歳で父が死去し、大正一四年八月には次女隆代が生まれていたが、何よりも母里代のために閑静な場所で生活することを考えたゆえであった。当時の八幡町は、松林にリスが渡り、野鳥が鳴き、イチゴ、桃、なしの名産地であった。

第二章　八幡学園の創設と隣保事業への着手

1　地域住民の反対と隣保事業への着手

大正から昭和へと年号が変わり、昭和二（一九二七）年六月次男恭《きょう》（彫刻家・堀川恭、一九二七―二〇一八）が誕生、八月に母、里代が五八才で死去する。息子の高等学校進学を後押しし、父に説得してくれた温厚な母との別れだった。久保寺は家業を弟に頼み、大阪府立修徳館在職中に考えていた知的障害のある子どもの施設、精神薄弱児施設の創設に着手する（家業は千葉県市川市北方に現在もある久保寺軽金属工業所であり、久保寺は大正一三（一九二三）年一〇月より久保寺軽金属工業所の相談役となる）。

そして久保寺三八歳の年、昭和三年一二月一二日、千葉県八幡町に「精神薄弱児保護施設　八幡学園」という名称で学園を創立、翌年三月二四

開園式の日　昭和４年３月24日

開園当時の建物　聖愛寮　昭和４年

日に開園式を挙行する。久保寺が考えた精神薄弱児施設としての八幡学園は、地域社会に溶け込み、少人数でなおかつ家庭的に精神薄弱児を教育保護する施設であった。そこで彼は自宅を増築、九〇坪（聖愛寮、聖母寮）を地域社会に開放した。

しかし、精神薄弱児施設を八幡町の人々はそう簡単には受け入れられなかった。「馬鹿が家の子にうつる」、「そんな子がうろうろしていたら危険で安心して道も歩けない」、「変な施設が出来たらこの辺の地価が下がる」、といった地域住民の反対にあった。当時は知的障害を示す言葉が精神薄弱児に定まっておらず、と同時に精神薄弱に対する知識や情報がほとんどなかった。この時代ゆえの反対であった。そこで久保寺は地域の人々の要望や暮らしに合った事業を八幡学園で行い、八幡学園を理解してもらおうと考え、隣保事業を学園内で行うことにする。

2　日曜学校の開催と渡辺実の入職

まず八幡学園が取り組んだのは、日曜学校の開催であった。日曜学校は昭和四（一九二九）年四月二〇日から始まった。久保寺は日本基督教会会員のクリスチャンで、八幡学園では宗教的に児童を教化することを目的に日曜学校を行った。教化とは聞きなれない言葉だが、国語辞典には「人を望ましい方向へ進ませるために教え導くこと」、と示されている（『明鏡国語辞典第二版』）。初回の日曜学校には五〇名の児童が集まり、日曜日の朝九時から幼稚科、初等科、中等科に分かれて活動し、日曜学校では隣町の江戸川沿いにある里見公園へ遠足に出かけることもあった。

続いて六月から八幡学園は、放課後、学校から帰ってきた子どもを対象にした児童クラブを開く。児童クラブでは曜日ごとに活動を用意し、月曜日はローマ字クラブ、火曜日は低学年手芸クラブ、水曜日は音楽・遊戯クラブ、木曜日は彫塑クラブ、金曜日は英語クラブ、土曜日は手芸クラブを行った。

そして七月になると、八幡学園では保母の篠田みちを中心に、幼児のための「めばえクラブ」がはじまる。めばえクラブは九月二日に八幡学園の保育部として位置づけられ、入園料金五〇銭、保育料一円で保育を行うことになる。昼間幼児保育所「北八幡保育園」の開設である（昭和七年までこの保育所は八幡学園の附属保育園であったが、町内にある葛飾八幡宮の近隣に移転し、戦時中に閉鎖している）。

その他にも地域の子ども対象にした活動が催された。それは、昭和四年八月に開かれた夏季林間聚落《フェリエンコロニー》で、夏休み中一カ月間開かれた。夏季林間聚落では、様々な活動が行われた。その中でも子どもが早起きをして体操をする早起会は八月一日〜二八日まで、幼児保育と林間児童クラブは八月一日〜三〇日まで行われた。児童クラブは日中行われ、訓話、理科講話、趣味談、童話、談話、ローマ字、夏季宿題日課、読書指導、作文、絵画、粘土細工、唱歌、遊戯及びダンス、競技、娯楽、対話劇、合同体操及び強健術などが多種多様な活動が用意されていた。

隣保事業　手芸クラブ

隣保事業　収穫感謝祭

隣保事業　宗教部花の日

隣保事業　夏季林間聚落

八幡学園の開園からの日々をまとめた冊子『雛』には、この昭和四年の夏季林間聚落に参加した子どもや教師の文章が収録されている。教師の一人、貝田相之助（園芸得業士）は、「夏時学園生活に於ける印象」と題して、八幡学園の雰囲気を次のように表現している。「八幡学園は作られたものではなく、園長の家庭にかもし出された熱烈な隣人愛が行くとして街頭に表はれたものであると思ひます。」

また、朝起き会に参加していたY・K君は「弟のはかりごと」という題で次のような作文を残している。

弟のはかりごと　Y・K

朝起会　僕は一番すきである。朝早く弟と起きっこをしてくるのである。ところが或る朝弟にうまく、だまかされた。それは朝五時頃お母さんが「利ちゃんもう呉服やの子供がいくよ」と弟の事をお

隣保事業　幼児昼間保育　第２回修了式　修了生 14 名
昭和６年３月　八幡学園所蔵

保育園卒園式　昭和５年

こした。ところが、なか〳〵おきない。其の内にお父さんが目をさまして「利坊　もうおそいぞ早く起きなさいといって弟の寝床をたたいたらば居なかったので皆が驚いた。あとできいてみたら四時半頃に起きてふとんをふくらましてをいたのだそうだ。

夏季林間聚落ではこれ以外に母の会、洋服裁縫、編物、刺繍研究会、青少年禁酒会なども行い、妻、美智子も時に講師を務めた。そしてこの時期、戦前のみならず戦後の八幡学園で重要な担い手となる人物が学生ボランティアとして八幡学園の隣保事業に加わる。それは、隣町の松戸にある千葉県立高等園芸学校（現千葉大学園芸学部）の学生、渡辺実（一九〇八―二〇〇二）であった。彼は園芸学校近くの牧師に誘われ、八幡学園を訪れたのであった。

渡辺は、昭和四（一九二九）年九月より八幡学園の職員（教師）になり、以降学園の主事として久保寺の右腕となる。また、渡辺は戦後、知的障害のある子どもの親の会「精神薄弱児育成会」（現全国手をつなぐ育成会連合会）の創設に携わるなど、戦前、戦後の知的障害のある子どもの福祉の発展を担った人物である。戦後の座談会で、八幡学園で働くことになったきっかけを渡辺は次のように振り返っている。

その活動に学生であった私が、今で言えばボランティアですが、と び込んだというのが、こういう仕事に入るキッカケなんです。そし て精神薄弱の仕事をやる為に、こういうことをしているんだという ようなことのお話も聞いていているうちに、だんだん関心が移ってきた わけです。

（「座談会 千葉県における精神薄弱児・者福祉活動のあゆみ」『千葉県社会事業史研究』一二号）

3　精神薄弱児のための教護部の設置

一方、八幡学園では隣保事業と同時に、精神薄弱児の教育を行う教護部を設けていた。『雛』には、教護部の入園案内が書かれている。対象年齢は一二歳以下、一人ひとりの子どもの状態が異なるため入所期間を定めることはできないとしながらも、一か年以上の入園が必要と明記している。ただし、重度の精神薄弱（白痴愚と重度の痴愚）がある子どもは入園ができなかった。

教護部の目的は、心身の欠陥または家庭的環境を理由に家庭で教育養護が難しい子どもを保護し、善導することであった。どのような子どもが入園していたのかは記録が無いため確認できないが、八幡学園は昭和五（一九三〇）年一月より、東京少年審判所からの委託少年を受け入れていた。少年審判所とは、少年法に基づき少年の保護処分を審判する機関である。八幡学園の場合、東京少年審判所で保護の処分を受けた少年の中でも精神薄弱児を受け入れていた。

『雛』創刊号表紙　久保寺玲氏所蔵

そして久保寺は昭和四年四月二〇日、八幡町の町会議員に選出される。彼は二年間議員として活躍し、小学校教育や児童不良化防止に務めた。また同時期、千葉県より児童不良化防止調査研究主事にも任命された。当初、八幡学園は設立そのものを地域から反対されていたが、学園が隣保事業を通して地域に貢献したことによって、しだいに久保寺が地域の人々から信頼され受け入れられたことがわかる。なお、学園では昭和五年に園舎、聖望寮を増築している。

第三章　精神薄弱児施設への特化

1　施設経営者としての重責と経営難

昭和六（一九三一）年九月、八幡学園は隣保事業を止め、精神薄弱児の施設、精神薄弱児施設に特化する。久保寺は大阪府立修徳館時代に精神薄弱児施設の創設を願っていたから、初志貫徹であった。

だが、課題もあった。八幡学園は私立施設で、いわば園長たる久保寺は経営者でもあった。八幡学園の経営状況はというと、創設時より厳しく、とくに昭和五年からの三年間、学園の経営状況は悪化し、電燈料不払いのため、電燈を止められるほどで渡辺実は後に、左記のように振り返っている。

学園の経営が最も苦しかったのは昭和六年の後半であった。当時は入園児もまだ少かったし、その半数は貧困家庭よりの児童であった。そして当時はまだ救貧対策は無きに等しく、又地方行政よりしか支給がなかったので、僅かな額だった。当然、台所は火の車、園長夫人美智子先生の指輪、その他貴重品等を私は専門店に持って行って買って貰ったことを思い出す。当時、私は会計の一部をやっていたので、事情がよくわかり、給料などは貰えなかったし、貰う気持ちもなかった。〔中略〕そしてやがて電灯料の不払いが続いたので、とうとう十二月に送電が止められ、翌年五月頃迄、夜はランプ生活をした。

（「想い出の記」『創立六十周年記念誌』一一一頁）

だが、このような経営難は八幡学園に限ったことではなかった。同時期の精神薄弱児施設もまた、経営難に直面していた。なぜなら、戦前は精神薄弱児を施設で養護するための法律が整えられていなかったからで、戦前、精神薄弱児施設は全くの私立施設であり、精神薄弱児施設を利用するには、親や家族が月額の園費を支払う必要があった。

しかし、すべての親や家族が園費を支払えるわけではない。そのため当時の精神薄弱児施設の園長らは、精神薄弱児に関連する法律、例えば恤救規則《じゅっきゅう》（明治七年制定）や救護法（昭和四年制定）を利用したり、園費を減額したりして、園費を支払う余裕がない家庭の子どもを受け入れていた。同時に園長らは賛助会などを設けたり、寄付金を募ったりして運営資金を集めていたが、精神薄弱児の教育と保護に奮闘する園長が経営者の役目も担うのは重責であった。

八幡学園の場合には、久保寺が貧困家庭の精神薄弱児への支援や保護に対して強い課題意識をもっていたため、他の施設よりも積極的に園費の支払いが難しい家庭の子どもを受け入れていた。そのようなわけで、八幡学園でもまた、関連する法律に該当するような精神薄弱児を受け入れていた。学園が利用した法律は、救護法（八幡学園では昭和七年一月から）、児童虐待防止法（八幡学園では昭和一〇年から）、東京府精神薄弱児取扱規定（八幡学園では昭和一五年から）などである。

そして八幡学園でも昭和六（一九三一）年一一月に学園創立三年を記念して賛助会を設けていた。賛助会の名称ははっきりしてないが、久保寺同族会がその役割を果たしていたと考えられる。八幡学園の収支決算書を見ると、昭和一一（一九三六）年度、一二年度に久保寺同族会が出資しており、昭和一三年度から一六年度までの収支決算書では久保寺同族会の出資を拠出金にしている。また、学園の要覧や収支決算書には助成金を受けたこと、後援会があったことが記されている。助成金の一例をあげれば、昭和七年度には恩賜財団慶福会助成金、八年度には内務省奨励金、千葉県助成金、三菱合資会社助成金などからの助成があった。ただし助成金は、毎年その授受を保障したものではない。したがって八幡学園もまた、拠出金や助成金があったとはいえ、同時期の精神薄弱児施設

穭穂

第一號　學園月報

HITSUJIBO

發刊の辞

春濤生

學園創始以來いろ〳〵と多方面の御世話になりつゞけて居ります。默つて仕事さへしてゆけばそれでよい。「不言實行だ」とそれをモットーに早くも滿七ヶ年を過しました貧弱な力でよく歩んだものだと此の長い月日を自ら願望しますが、學園を庇護して下すつた數々の恩惠者を思ひます時、たゞ感謝する外はありません。

學園事業も當初、念願し、目的とした「異常兒の保護教養」に對し、年毎に其の使命を果しゆけるやうに成り、殊に此の四ヶ年は最もよく其の機能を發揮し得られたかの感が致します。大きな攝理と思ひます。弱小者の味方として出來る丈の力を以て其の救護と教導とに當りました。

お蔭を以て學園の機能暢達とともに、今や其の職に當る者一層其の責務を果すに十分の用意を以てし誠悃を盡したいと思ひます此際左の三つの目的から月刊學園誌を發行して行かうと思ひます。

一、學園事情と園兒養護の狀況をはつきりと申述べ平素の御奬勵に對し御期待に副はうと心がけたい考から

二、貧弱の禿筆を以て社會事業乃至社會教化に多少の寄與を致したい考から

三、學問的の立場で聊か兒童問題を取扱つてみたい考から

幸ひと學園創立七周年をも記念して思ひ立つた此の小誌が、學園恩顧の方々と私共學園同勞者との間の心の聯繫とも、精神的交渉ともならば望外の幸福と存じます。

諸名家よりの激勵と祝辞

千葉縣社會事業主事　安田龜一先生

兒童教化八幡學園が開園されてからもう滿七ヶ年になるといふことである。古人も月日に關守なしとか光陰は白駒の隙を過ぐる如しとか言ふ通り全く早いものだ。久保寺園長から「今度八幡學園を始めるやうになつた」と御披露のあつたのが昨日のやうに思はれるのに、もう七指を屈する星霜を經たのである。しかしうか〳〵暮して居る者にはかうした短い歳月であるが躬ら局に當つて經營される園主其の人にとつては相當に永い忍苦の歳月であつたに相違ない。

殊に異常兒保護といふやうな困難中の困難なる事業に精進さるゝに於て寔に其の御苦心の程は察するに餘りある何事でもさうであらうと思ふが私は「三年は空氣、五年は形態、十年は心」であると思つてゐる。當初三年位は何んと言つても周圍がなずんで來ない。其存在に適應する空氣を作ることがなか〳〵容易な仕事でない。五年位立つてやつと形態が稍整ふといふことになる。經營十年といふ所でそろ〳〵施設の精神が徹底し初めて來るといふ順序であるまいか。

此の意味に於ては兒童教化八幡學園の從來の生の惱みや發育の努力も異常であつた事は眞に察するに吝でないが、同時に將來の更に困難なる難關に向つて遠大の抱負と勇氣とを奮つて努力して下さる事を望まざるを得ない。

久保寺先生は他人の難しとする此の事業に着眼して躬ら進んで鋭意これが發達に碎心されるのみならず常に間口よりも奥行といふことを考へられて居らるゝ如く常に眞率に熱心に研究を積まるゝことは敬服に堪へない所である。私は曾つてある植木屋に植木を育つる秘訣を訊いたことがある、定めし複雜多岐であらうと思ひの外、植木屋は「水をおやりなさい」と一言曰つた。水をおやりなさい！　眞に名言であると思ふ。兒童保護といふものに若し秘訣があるとするとそれは愛といふ一語で盡きる坂卷氏が常に「理窟はいらぬ親になれ、子になれ」といつた矢張あれであらう。とは云へ實際問題になると世間に慈母と實母とあるやうに

学園月報『穭穂』第１号　淑徳大学アーカイブズ撮影

と同じく、非常に厳しく且つ不安定な経営状況にあった。

なお、久保寺は昭和七年に東京市下谷区三輪《みのわ》町九九に八幡学園東京事務所（財団法人同善会内）を設けている。この連絡所の設置について、戦後、渡辺は学園月報『穭穂《ひつじぼ》』の中で、昭和七年から救護法に該当する児童の受け入れを始めたが、東京からの受け入れが多く役所からの要請で連絡所を設けたと明らかにしている。また、久保寺個人の出来事として、三男の新（出生年月不明）が、昭和七年七月三〇日に死去している。

2　八幡学園の子どもたち

(1)園児の障害の程度とその基準

知的障害のある子ども、すなわち精神薄弱児であっても苦手なこと、得意なことは一人ひとり違う。それゆえ一人ひとりの障害の程度を把握することは精神薄弱児と接するうえで最も基本的なことであるし、今なお、知的障害児教育では変わらない。久保寺はどのようにして、八幡学園への入園を希望する精神薄弱児の実態を把握したのだろうか。

久保寺の時代には、すでに心理学、教育学の分野においてビネ・シモン知能検査が使用されていた。ビネ・シモン知能検査とは、A・ビネ(Alfred Binet, 一八五七―一九一一)とT・シモン(Théodore Simon, 一八七二―一九六一)によって一九〇五年にフランスで作成された知能検査で、その後欧米諸国の心理学者らが各国の言語で翻訳、改訂した。日本の場合には、欧米諸国に留学していた心理学者らによってドイツ改訂版、アメリカ改訂版などの改訂版が導入され邦訳された。そのため当時の日本では、どの国の改訂版を翻訳したかによって使用する精神年齢やIQといった分類基準が異なっていた。例えば、東京府伊豆大島にあった精神薄弱児施設、藤倉学園では園長の川田貞治郎(一八七九―一九五九)がアメリカのヴァインランド精神薄弱者施設(The Training School at Vineland)に滞在していた経緯からアメリカ精神薄弱者研究協会の精神年齢と、ヴァインランド精神薄弱者施設に設けられていた研究所のIQを使用していた。他方、精神薄弱児施設、滝乃川学園内にあった児童研究所ではL・M・ターマン（Lewis Madison Terman, 一八七七―一九五六）のスタンフォード改訂ビネ知能検査を使用していた。八幡学園において久保寺がどの国の邦訳・改訂版のビネ・シモン知能検査を採用したかは不明であるが、以下のような精神年齢とIQを八幡学園で使用していた。

精神年齢は、八～一二歳を魯鈍《ろどん》、三～七歳を痴愚《ちぐ》、二歳以下白痴《はくち》とした。そしてIQ七五～五一を魯鈍、IQ五〇～二六を痴愚、IQ二五以下を白痴とした。なお、先述のように児童研究所と藤倉学園も精神年齢とIQを用いているが、各施設が基準にした精神年齢、IQ値に若干の違いがあった。ここで注目すべき点は久保寺は八幡学園で、他の同時期の精神薄弱施設と同じく、精神薄弱の程度を精神年齢とIQという基準から把握し、精神薄弱を重度（白痴）、中度（痴愚）、軽度（魯鈍）という観点から捉えていたことである。

では、八幡学園はすべての精神薄弱児を受け入れたのだろうか、それとも重度（白痴）、中度（痴愚）、軽度（魯鈍）のいずれかの程度の精神薄弱児を選択するといった、入園制限を設けていたのだろうか。八幡学園の学園規定から時代を追って整理してみよう。まず、『雛』には昭和四（一九二九）年頃の八幡学園教護部の入園対象外の者があげられている。入園対象外の者とは、「精神病者、白痴並びに重症痴愚、身体的異常、生理的欠陥の著しき者、伝染病者」である。つまり、昭和四年頃の八幡学園では精神障害や身体障害といった精神薄弱以外の障害がある者はもちろんのこと、精神薄弱の中でも白痴、そして痴愚の程度が重い者を対象外にしていたのである。

そして、続く昭和一〇（一九三五）年の学園規定では「精神病者、盲者、聾唖者、不具者、伝染病者」が入園対象外になっている。昭和一〇年頃の八幡学園では、昭和四年には入園対象外であった白痴と重度の痴愚が、入園可能になったのである。したがって八幡学園では、昭和一〇年頃に精神薄弱の程度を問わず、精神薄弱児を受け入れる方針を整えたことがわかる。

それでは、実際のところ八幡学園では学園規定の通り精神薄弱の程度を問わず受け入れていたのだろうか。また魯鈍、痴愚、白痴の割合（構成比）はどうなっていたのだろうか。昭和九〜一七年（昭和一五、一六年除く）の園児総人数に対する構成比を表1に示した。最も高い割合は、昭和九年は魯鈍、昭和一〇〜一二年は痴愚であった。一方白痴は魯鈍、痴愚に比べると低い。先述のように、昭和四年頃の八幡学園では、白痴を入園対象に入れていなかったから、白痴の割合が低い要因には八幡学園の入園対象者との関連があるだろう。だが、昭和九〜一二年の白痴の構成比の推移をみると、わずかであるがポイントは上昇傾向にあり、昭和一七年には全体の半数にまで上昇する。この白痴のポイント上昇は、八幡学園の昭和一〇年頃の学園規定を反映した結果であろう。つまり、八幡学園では精神薄弱の程度を問わず受け入れていたのである。

また昭和一二年以降は、魯鈍、痴愚、白痴の用語ごとに興奮性、魯鈍

表１　八幡学園における総園児数と障害程度の構成比
（昭和９～14・17〔1934～39・42〕年）

単位：人（構成比%）

	昭和９（1934）	昭和10（1935）	昭和11（1936）	昭和12（1937）	昭和13（1938）	昭和14（1939）	昭和17（1942）
性格異常	2（8）	0（0）	5（15）	7（20）	6（17）	4（11）	1（3）
精神低格	1（4）	4（13）	0（0）	0（0）	0（0）	0（0）	0（0）
魯鈍	10（38）	8（27）	9（26）	7（20）	10（28）	8（22）	7（18）
痴愚	8（31）	12（40）	12（35）	12（34）	10（28）	12（33）	9（23）
白痴	5（19）	6（20）	7（21）	9（26）	10（28）	12（33）	21（54）
不明	－	－	1（3）	0（0）	－	－	1（3）
総園児数	26	30	34	35	36	36	39

性といった下位項目を設けて園児（精神薄弱児）の障害の程度を示していた。例えば、昭和一二年は、興奮性魯鈍、遅鈍性魯鈍、興奮性痴愚、遅鈍性痴愚、興奮性白痴、遅鈍性白痴、軽白痴、重白痴、聾唖白痴、聾唖重白痴愚というように分類していた（昭和一三年、昭和一四年、昭和一七年も同様に園児の障害の程度が細かく分類されていた）。久保寺は昭和一一年に執筆した「精神薄弱児の心理学的分析」の中で、本能や情緒という観点から精神薄弱を捉えると、精神薄弱児は興奮性と遅鈍性の二種類に分けることができると述べており、魯鈍、痴愚、白痴の実態をさらに二つの下位項目に分けて把握していたのである。

そして、表1のように八幡学園では精神薄弱（魯鈍、痴愚、白痴）とは違う、精神低格、性格異常と呼ばれた不良少年も受け入れていた。久保寺が精神低格あるいは性格異常と呼称した子どもは不良少年のことであり、久保寺が大阪府立修徳館で接した子どもに等しい子であった。昭和一〇（一九三五）年の学園要覧で報告された性格異常の子どもは、品行に問題があり、触法するような子どもであった。また久保寺は、昭和一〇年に執筆した「異常児保護の精神的要素と技術的要素」で性格異常の子どもには虚言や流布があり信頼性が皆無であること、制裁懲罰は無意味になってしまうことなどを性格異常児の特性として説明している。なお、久保寺は場合によっては精神薄弱児にも「情意に異常」があり、性格異常児にも「知的欠陥」があり、精神薄弱で「変質性」を有する者が多いと述べている。したがって、精神薄弱児の中には性格異常を合わせもつ子どももいたといえる。

八幡学園における構成比を見ると、不良少年（精神低格、性格異常）は昭和九（一九三四）年には全体の一二%であったが、昭和一二年に最も高い二〇%に達し、その後昭和一三年から下降し、昭和一七年には三%になる。なぜ、久保寺は精神薄弱児とは違うニーズを持つ不良少年を八幡学園で受け入れていたのだろうか。八幡学園の学園月報『穭穂《ひつじぼ》』第八号、「学園養護対象の実相と精神欠陥児に対する一般処遇方策」という原稿において、性格異常の少年が入園できる精神病院がなく、彼らは成人の精神病院に入院するか貧困であれば放置されていることを現状として指摘し、性格異常児を対象にした施設の必要性を述べている。八幡学園では不良少年を受け入れる適切な施設がないことに鑑み、不良少年を八幡学園で受け入れていたのである。

(2)園児の年齢と年長者の増加

障害の程度やニーズを把握する以外に園児の年齢も考慮せねばならない。精神薄弱の程度が同じであっても、年齢が違えば処遇方法の工夫が求められる。昭和一三年（一九三八）頃の八幡学園要覧の学園規則第四条には、原則、入園する際は六歳以上一五歳未満であること（査定によって例外もあり）、入園中に一五歳を超えた場合は委託者や保護者の希望によって引き続き入園を許可する、と定められている。したがって八幡学園は成人のための施設ではなく六歳以上一五歳未満の子どもを対象にし

天長節　昭和 14 年

た子どものための施設であったことがわかる。
　園児の年齢を一五歳未満と一五歳以上で分けて分析してみると、昭和一二年と昭和一三年では半数以上を一五歳未満が占めていたが、昭和一四年になると一五歳未満と一五歳以上の割合が半々になり、昭和一七年には一五歳以上が五八％になる。八幡学園は確かに一五歳未満の子どもが入園した施設ではあったが、学園創設から時間がたつにしたがって学園が想定していない一五歳以上の年長者の入園が半数以上を占めるようになっていた。

さらに一五歳以上の年長者の障害の程度を整理してみると、一五歳以上で白痴の者は、昭和一二年と昭和一三年では〇％と皆無であった。昭和一七年になると、性格異常と魯鈍の者はすべてが一五歳上を迎え、痴愚は七八％が一五歳以上になる。すなわち、一五歳上の年長者の多くは、性格異常児と魯鈍の精神薄弱児であったことになる。

以上のことから、当時の八幡学園の園児の実像は次のようになる。まず、八幡学園では精神薄弱の程度を精神年齢やＩＱから理解するとともに、全ての障害の程度の精神薄弱児を受け入れる方針を掲げ、それを実践していた。と同時に、少ない数ではあったが不良少年も入園していた。一方で、昭和一二（一九三七）年から昭和一七年の五年間に、障害の程度が痴愚中心から白痴中心に変化し、子どもの施設ではあったが、一五歳以上の年長者の構成比も高くなっていった。そのため園長たる久保寺は、多種多様なニーズに応じた処遇や日課を提供しなければならなかった。

3　八幡学園での暮らし

(1)学園の日課

表2は昭和一二年の夏期日課表である。八幡学園では五時半に起床、その後洗顔、掃除などの身支度を整え、六時一〇分から朝食をとり、六時五〇分に点呼、朝礼、訓話を行っていた。点呼は班ごとに行われ、その様子を園児Aは左記のように日記に書き留めている。

昭和一七年一〇月三〇日　園児Aの日記（抜粋ママ）
今日は朝は起きてすぐ顔を綺麗に洗って洗面報告　班長各班並んで　第何班長並んですぐ先生の前に報告した

そして七時二〇分にラジオ体操、日記と日課は進む。現在も八幡学園に保存されている昭和一二～一五年までの学園日誌を見ると、毎日、日記を書いていたことがわかる。心理学者で当時、早稲田大学助教授であっ

表2　昭和12（1937）年　八幡学園夏期日課表

時間	活動内容
5：30～6：00	起床、洗顔、掃除、国旗掲揚
6：10～6：40	朝食
6：50～7：20	点呼、朝礼、訓話
7：20～7：35	ラジオ体操
8：00～8：20	日記
8：30～11：30	午前課業（組別）
12：00～12：30	昼食
13：00～14：00	午睡
14：30～16：30	午後作業（組別）
16：30～17：00	掃除
17：00～17：30	夕食
18：00～20：00	自由遊戯（ラジオ、柔道、剣道、ピンポンその他）
18：30	国旗下し方
20：00	年少児就床
21：00	年長者就床

た戸川行男（一九〇三―一九九二）は、八幡学園について書いた著書『特異児童』で、日記は当日ではなく、翌日に前日を振り返って書いていたと記している。左記は、園児Aの日記である。

昭和一七年一二月一日　園児Aの日記（抜粋ママ）
今日朝から掃除をすんでから朝食を食べてすむと皆運動場へ出て遊びました　午後から又運動場に居て遊ぶをした　空が暗く来ました　皆児童室へ入って電気を付けて遊んだ　もう七時から八時迄日記付けスラ、と文を書いて居ながら八時に成りました　皆な日記をやめて鉛筆箱入れて寝床付いて洋服を皆脱いてゐながら寝ました。

続いて八時半から一一時半までの三時間は午前の課業（組別で）、一二時に昼食、一三時から一時間午睡、一四時半から一六時半までの二時間は午後の作業（組別で）となっていた。昭和一二（一九三七）～一六（一九四一）

年の学園日誌には、午前の課業と午後の作業で取り組んでいた活動が教師によって記録されている。昭和一二年の学園日誌は午前を「学課」、午後を「実科」という言葉を用いて活動の内容を記録しており、昭和一二年の記録を一年通して読むと、学課（課業）と作業（実科）で行われた内容は次のようになる。

学課（課業）では日記、算術、唱歌、読方、作文、図画、地理、歴史等が行われている。日記は課業とは別の時間に設定されていたが日記もまた課業の一つとしてとらえていたようである。そして作業（実科）では貼紙（貼絵）、竹細工、木工、ボタンつけ、組紐、ガラス拭き、庭掃除、フランス刺繍、紙ロープ細工、消毒、洗濯、水彩画、クレヨン画、写画、布団つくり、写字、紙細工が組別で行われていた。つまり八幡学園の午前の学課（課業）では、教科学習に相当する内容が、午後の作業（実科）では、後に八幡学園が注目されることになる貼紙が行われるなど、手先を使った作業が取り組まれていたのである。

園児実科作業　体操　昭和６年

クリスマス会　昭和 11 年

久保寺は、八幡学園が出版した『特異児童を護れ』で、八幡学園の活動が三段階の過程を踏んでいると説明している。一段階は生活訓練、二段階は情意教育、三段階は職業教育という順であった。一段階の生活訓練とは、八幡学園に入園する前に身に着いた「悪習慣から彼等を解放」するために、「規律正しい厳格な日常行動」を送る段階であった。二段階の情意教育は、「身体鍛錬」と「美的教化」から成り立つ段階であった。後者の「美的教化」とは「絵画、演劇、映画、音楽、童話、詩歌、唱謡等」を通し育まれ、この「美的教化」を行うことで、園児の自己中心な情意が陶冶され、「善美なる方向に走らしめ」、「比較的高等な情操を涵養」すると考えていた。ちなみに、昭和一三（一九三八）年度の八幡学園の備品一覧を見ても、「美的教化」が可能であったことがわかる。備品一覧には、児童教化娯楽用としてラジオセット、大オルガン、蓄音機、アコーディオン、ギニヨール人形舞台、大型積木、恩物が記載されている。

最後の三段階は職業教育であるが、ここでは職業教育といっても初歩の段階であった。久保寺はこの段階では複雑な学科的作業ではなく、実科的作業が良いと考え、工芸的技術、簡単な手工具器械の操作、農耕園芸、果樹栽培、家禽飼養、牧畜をあげ、それを実科の活動項目にあげ、実際に昭和一五（一九四〇）年に学園の実科として、糸布細工、ミシン裁縫、刺繍細工、紙材細工、木竹細工が行われていた。

午後の作業が終わると、一六時半から掃除、一七時に夕食、一八時から二時間は自由遊戯、その間一八時三〇分に国旗下し方、二〇時に就床（年長者は二一時）であった。二時間設けられた自由遊戯では、ラジオ、柔道、剣道、ピンポン、詩吟がなされた。これらの活動の大会（柔道大会、剣道試合、詩吟大会）も八幡学園で盛んに開かれており、学園日誌には剣道試合の対戦結果、詩吟大会の結果も記録されている。柔道は昭和一五年『柔道』という柔道雑誌に「八幡学園参観記」が掲載されるほどで、学園内に仮設道場があり、教壇の下に八畳程の畳を敷いて柔道を行っていること、久保寺の長男光久が柔道の段位が講道館二段で彼が指導して

園児実科作業　養鶏　昭和6年

園児実科作業　園芸　昭和6年

いることが書かれている。また、この参観記事には学園における柔道の目的が、肉体的にも劣っている園児の体位向上のためであること、園児が「面白がって」取り組むので精神を快適にさせる効果が期待できるから、と説明がなされている。

(2)班を作っての生活

八幡学園の園児があらゆるニーズを持っていたことは先に述べたが、では、どのようにして日課表に従って一日を営んでいたのだろうか。その答えの一つに、班分けという工夫があげられる。生活一般をともにする班、作業を行うための班、自治会などが八幡学園にはあった。

①生活一般をともにした班

久保寺は『特異児童を護れ』の中で、八幡学園では児童を三～四人ずつの班に分け、「兄」が「弟を率い」て「先入者よく後進を導き、親和のうちに集団的寮舎生活を営む」と説明している。先の園児Aの昭和一七（一九四二）年一〇月三〇日の日記にも書かれていた朝の点呼は、この班で行われていたようである。園児の何を基準にして、三〜四人ずつの班に分けていたかは不明であるが、学園の昭和一三（一九三八）年二月二六日の日誌には、第一班から第九班までの班替えの結果が記録されている。これを整理してみても班分けの基準を障害の程度と年少・年長といった年齢だけでは説明できない。そのため、障害の程度や年齢だけでなく、性格や特質といった個々のニーズを把握し、それを考慮したうえで班分けがなされていたといえる。

と同時に、昭和一三年当時の園児一覧と第一班から第九班までの各班の園児を照らし合わせると、班に属していない園児が少なくとも六名いたことが確認できる。どの班にも属していない園児の障害は必ずしも白痴とはいえず、障害の重さを理由で班に属しない園児がいたとも説明できない。

②作業を行うための班

久保寺は『特異児童を護れ』で作業では、能力別にA補導、B促進、C補助、D監護の四つの班に分け、A級の園児が「ビック、ブラザー」としてB級以下の園児を補導していると述べている。班分けの基準は、障害の程度を基準にした能力別で、A級が軽度、B級が中度というようにA級から順に障害の程度が重くなっていた。

昭和一二（一九三七）年七月一九～三一日の学園日誌には班単位で作業に取り組む様子が記録されているが、B班が取り組んだ作業が明記されていないが、A班は竹細工、C班は水彩画、D班は水遊び、写真、積み木を行っていた。また、昭和一三年の記録では、B班は貼り絵と図画、D班はクレヨン画、チョーク画を行っていたことが記録されている。

しかし、学園日誌を読むと、A～D班とは別に一人で作業に取り組んでいる園児A、Bの様子も記録されている。A児は図画を、B児は「貼紙」に取り組んでいた。したがって八幡学園では集団での活動を基本にしてはいたが、どの班にも属せない、あるいは個別での配慮が必要な園児に個別での活動を提供していた。個別での活動を実現するには、多くの作業を用意しなければならないが、八幡学園の作業の内容は、先述のように木工、裁縫といった手工や、絵画、貼絵といった芸術的活動、農作業など非常に多岐にわたっていたことから、個に応じた活動が提供可能な状態であったといえる。

とくに貼絵の作品で有名になる園児B児の場合にはそれが顕著である。例えば複数の園児が集団で竹細工を行っている一方で、彼は単独で貼紙を行っている。学園日誌を横断的に読んでみても、彼はほぼ毎日貼紙を行っている。他の園児が様々な実科を経験するなかでB児は一つの特定の作業を行っていたのだ。

久保寺は「知能低弱なる特異児童の労作と教養に就いて」で、B児の様子を記している。久保寺によれば、B児は八幡学園入園当初、専らちぎり紙細工をしていたが（まだ貼絵の段階ではない）、これを継続的に繰り返すことによって、色彩に対する興味を持ち、次第に「注意の集中」が高まり、彼の異常行動がおさまったと報告している。そして学園の教師がB児の昆虫好きに注目し、次の段階として昆虫の写生に取り組み、最終的に貼紙を作業として取り組むようになったのであった。貼紙がB児に適した作業であったのは、色鉛筆、クレヨン、クレパスを使用した絵は「全く特色がない」ためで、色紙を手指で自由に表現することで彼の「心の安定」が得られるようになったからと、久保寺は説明している。つまり八幡学園では班で活動に取り組むことが前提ではあったが、B児のように個別で課題に取り組む場合もあった。

③園児による自治会

八幡学園では園児による自治会も開かれていた。自治会の第一回目は昭和一三（一九三八）年一月二九日からで、その後も土曜日の午後を中心に行われていた。第一回の自治会では八名の園児が参加し議長を投票で選び、一二の議題について話し合っていた。議題は事前に園児が学園の教師に提出し、その内容は学園の生活で困っていること、変えたいことなどで、例えば園児同士で「掃除を充分にしてほしい」、「下駄を整理してほしい」などであった。

この自治会への出席者は、痴愚が一、二名いるものの、性格異常、魯鈍がほとんどで軽度の園児が参加していた。戸川の『特異児童』にもこの自治会の様子が書かれているが、戸川によればこの自治会には班長級だけが参加したようである。

(3)久保寺を支えた八幡学園の教師たち

八幡学園を支えたのは、久保寺他の教師（職員）であった。常勤職員（嘱託以外）の数は、昭和一二年が六名、昭和一四年が八名、昭和一五年が七名、昭和一七年が七名であった。一人の職員がおよそ五～六人の園児を担当していたことになる。昭和一七年の白痴児が二一名であったことを考えれば、決して職員数が多いとはいない。また、職員のほとんどが久保寺の親族であった。例えば、昭和一四年度の職員のうち、久保寺の妻、美智子は教師兼寮母として、長男光久と長女美弥子が助手として働いていた。その他、嘱託ではあったが美智子の実弟、島津眞司が働いており（昭和一二年は職員）、柔道、剣道、絵画、彫刻などの手工芸を指導し、園舎新築や移転でも尽力した。

さらに、久保寺の親族には作業を教授できる専門的な知識を持つ者がおり、嘱託として園児の指導にあたった。例えば久保寺の実弟、久保寺辰夫は東京美術学校（東京藝術大学の前身の一つ）を卒業した人物で、学園では芸術の指導を担当していた。また、園長夫妻の次男、恭（堀川恭）は昭和一七年には助手として勤務していたが、彼は戦後東京藝術大学を卒業後、彫刻家として活躍し、後に愛知県立芸術大学の名誉教授になった。彼は東京藝術大学在学中に、大学の教室に捨ててあった油絵具のチューブを集めて学園に持ち帰り、油絵の描き方等も教えたといわれている。

また親族ではないものの、主事の渡辺は、先述のように千葉県立高等園芸学校を卒業しており、園芸に関する知識を持った人物であった。戦時中は、その知識を活かして学園の農園でさつまいもや野菜を作った（なお、渡辺は昭和一六（一九四一）年一二月に久保寺の長女美弥子と結婚する）。

ここで久保寺の妻、美智子の活躍について触れておきたい。美智子は八幡学園が隣保事業を行っていた創設時から学園で働き、学園が精神薄弱児施設に特化した以降は教師兼寮母として働き、学園の母そのものであった。早稲田大学の戸川は『特異児童』の中で美智子を次のように描写している。

久保寺さんの奥さんが偉いと思ふ。〔中略〕朝から夜中まで、食事

初代園長夫人　久保寺美智子
昭和 13 年
『山下清とその仲間たち』より

渡辺実（右から４番目）柏井農場にて
『山下清とその仲間たち』より

から衣服から入浴、夜尿の始末まで、あるから外部に現はれない女手でなければ出来ない仕事や努力は実に大したものであろう。子供三人持つ母親の十倍を又十倍した程の骨折りであらうと推察する。

⑷八幡学園の園舎と農場

八幡学園では度々、増築と新築を繰り返してきた。とくに昭和一三（一九三八）年一二月に手工芸作業所を新築する。学園の建物の新設や増築を振り返っていくと、昭和三（一九二八）年一二月に聖愛寮と聖光寮を開設、昭和五年四月に聖望寮を改増築、昭和一二年五月にも増改築を行っている。昭和一二年五月の増改築では、聖光寮に二階（児童審査室と制作品陳列室の設置）を増築し、食堂の場所を聖光寮一階から聖愛寮一階へ、児童室五室の場所を聖愛寮一階から聖光寮へ移動し浴室の改築を行っている。増改築の理由は、園児の増加による厨房、食堂、浴室の不備であった。

そして八幡学園では昭和一二年五月の増改築によって居室部分の整備を終えると、昭和一三年に手工芸作業所の新築に着手する。手工芸作業所は一五坪一棟で建築され、個別作業台、裁断台、共同工作台、戸棚、砂場流台、陳列戸棚、裁縫ミシン機、足踏式糸鋸機、丸砥グラインダー、万力砥が購入された。

この手工作業所が新築されたことで、それまで寮母室と兼用であったミシン裁縫室と室内遊戯運動場と兼用であった木工作業所がそれぞれ手工作業所に移動し、作業をするための専用スペースを確保したのであった。本格的な作業は、昭和一四年一月から開始し、一月の学園日誌には糸布工部、木竹工部、紙工部、作文部などといった各作業の名称をつけていた。この手工芸作業所の新築は、後述する学園園児の絵画作品展の開催時期と同時期で、個々の発達段階に応じた作業内容が設備備品面からも充実していたことがわかる。

そして八幡学園は昭和一六（一九四一）年から区画整理を理由に、現在

聖光寮と聖望寮（右）　昭和５年

移築したホール（左）と教育作業室（右）

の学園所在地、北方に移転する。移転のための土地購入には、先述の久保寺同族会の拠出金も土地代の一部になった。だが、戦時下にあって完全移転は戦前までにできなかった。移転は長期間を要し、昭和一五年度から昭和一八年度までの数回に計画を分けて移転を行った。学園日誌には、昭和一五年一月に久保寺と主事の渡辺が学園移転の相談に出かけたり、五月には学園の移転計画を作成、一〇月に教師と数名の園児が土地整備の作業を行ったりしたことが記録されている。

移転と同時期に、八幡学園は農地を確保する。昭和一六年の学園の附属農場は、本園農場（学園内三〇〇坪）、柏井農場（千葉県東葛飾郡大柏村柏井〔現市川市〕三五〇〇坪）、葛飾農場（船橋市山野一三〇〇坪）であった。昭和一六年の学園日誌には三月九日から本格的に農作業を始めたことが記録されている。本園農場、柏井農場、葛飾農場で種まき、除草、収穫などのその時期ごとの作業が記されており、主にC組とD組は学園の作業をしていた。園児Aの日記には農作業に向かう様子が記録されている。

作業班による崖路づくり　昭和 16 年

柏井農場

昭和一七年一一月一日　園児Aの日記（ママ）
今日朝　農場へ出掛け始めました　空が曇って雨が降り出しました　ホールの中に生徒部屋にCD組が寒いさらになって○まって坐って居る　やっと農園から帰って来た　午後は紙工をやりました　一時から四時迄やりました　夕食を食べてから児童室這入りました電気を付けました

昭和一七年一一月八日　園児Aの日記（ママ）
今日は朝早く農園組が仕度をして皆で一緒に朝食を食べてから農園組達リヤカー持ち引出し動く走出して農園へ出発をした　正午は昼食すんでから一時より紙工始めました　五時迄止めて電気を付けて晩飯すんでから児童室で皆生徒日記用具机を日記帳を付け止めました　児童室で皆寝床を付いて寝ました

第四章　愛護協会の設立と精神薄弱児保護法の制定を目指して

1　日本精神薄弱児愛護協会の設立

久保寺は時勢の動きに目を向け、精神薄弱児の教育や処遇について対外的に行動を起こす人物でもあった。とくに久保寺は、精神薄弱児施設が私的な運営（私立施設）であること、精神薄弱児のための法律がほとんど整備されていないことに強い問題意識を持っていた。他の精神薄弱児施設の園長も問題視してはいたが、具体的な解決策は見いだせないままであった。

そのような中、久保寺は日本精神薄弱児愛護協会（以下、愛護協会）の設立に尽力する。愛護協会は昭和九（一九三四）年一〇月二二日に設立され、当時全国に八つあった精神薄弱児施設が加盟した団体であった（昭和一一年に広島教育治療学園、昭和一二年に三田谷治療教育院が加わり、計一〇施設になった)。現在、愛護協会は公益財団法人日本知的障害者福祉協会(以下、日本知的障害者福祉協会)となり、平成三一(二〇一九)年四月現在で加盟施設・事業所数は六四四〇箇所である。愛護協会の設立の経緯は、久保寺の日記を資料に日本知的障害者福祉協会の年史、『日本愛護五十年の歩み』で明らかにされているが、現在、八幡学園ではその日記の所在がはっきりしない。ここでは『日本愛護五十年の歩み』を参照しながら久保寺が果たした役割を見ていこう。

愛護協会はおよそ一年という短い期間で設立に至っている。昭和八(一九三三)年一〇月一四日、久保寺が浅草寺カルナ学園の主事、林蘇東(一八九六―一九五六)を訪ね、この時に協会設立の話が出たことがきっかけであった(場所は浅草寺児童教育相談所)。そして昭和九年三月一九日、今度は八幡学園にて久保寺と林で「異常児保護連盟」(仮称)を構想する。久保寺は四二歳、林は三七歳、若手二人の話し合いであった。

さらに昭和九年の春(四月一日)には、久保寺と林の二人で滝乃川学園を訪ねている。この時、学園長の石井亮一（一八六七―一九三七）は六六歳、滝乃川学園では甥の藤本克己（一九〇五―二〇〇七）が次の担い手を期待され学園で働いていた。石井との話し合いの結果、久保寺、林に藤本が加わり、この三名が準備委員となり、協会設立の準備にとりかかることになる。いわば滝乃川学園の園長、石井のお墨付きを経ての本格始動だった。まず、久保寺ら三名は協会設立の賛意を求める案内状を発送し、一同から賛同を得るとともに、準備委員に小金井治療教育所の主任長野幸雄が加わる。準備委員会は浅草寺児童教育相談所、滝乃川学園、東京府代用児童研究所など東京で開かれた。

そして昭和九（一九三四）年五月一八日には関東の精神薄弱児施設、滝乃川学園、藤倉学園、八幡学園、カルナ学園、筑波学園、小金井治療教育所の六つの施設が参集し、滝乃川学園にて「協会設立準備懇談会」を開催する。この時、八幡学園からは久保寺とともに主事の渡辺が参加している。

準備委員会は引き続き規則案を作成し、久保寺は八月中旬に規則案などへの意見を求めるため、関西の白川学園、桃花塾を訪ねている。

その結果、昭和九年一〇月二二日には関西の二施設、白川学園、桃花塾が加わり計八つの施設加盟によって愛護協会の「創立総会」が開催され協会設立に至る。創立総会の座長は桃花塾の岩﨑が務め、準備委員会より設立までの経過説明がなされ、会の名称（日本精神薄弱児愛護協会という名称）、一七条の会規則、幹事三名が決定、承認された。三名の幹事のうち一名は久保寺で、その他は林、藤本であった。

「創立総会」で承認された「日本精神薄弱児愛護協会規則」には愛護協会が目指す方向やその目的が示されている。まず第三条で、愛護協会の目的が精神薄弱児の愛護を図ること、と規定されている。そして、それを達成するために必要なことが第四条の一～五に規定されている。それらを順にみれば、①精神薄弱児の研究と調査（第四条一）、②施設相互の親睦と連絡統制（第四条二）、③講演刊行物と資料展開（第四条三）、④

児童鑑別と教育相談（第四条四）、⑤そのほか必要なこと（第四条五）であった。②の施設相互の親睦と連絡統制以外は、すでに施設ごとに園長が取り組んでいたことであり、むしろ愛護協会設立は、これまでには見られなかった具体的でかつ実際的な精神薄弱児施設相互の連携を意図していたといえよう。

また久保寺、林、藤本は幹事として愛護協会の協会誌『愛護』を編集する。『愛護』は、戦前期に創刊号（昭和一一年七月）、第二・三号合併号（昭和一二年一月）、第一巻第四〜七号（昭和一二年一二月）の、計三回発行された。久保寺の名は、この創刊号の発行者として明記されているが（藤本は編集者、林は印刷者）、久保寺ら幹事は『愛護』創刊号で、各施設は実務に忙しく、内向きで親和的な連携に終始し外部に呼びかけることが少なかったと率直に述べている。この発言から久保寺ら幹事が施設間の連携のみならず、外部への働きかけも意図していたことがわかる。とくに久保寺ら幹事が愛護協会の活動を通して外部に働きかけたことは、次に示す精神薄弱児保護法の制定運動であった。

2　精神薄弱児保護法の制定を目指して

まず、愛護協会は昭和一〇（一九三五）年三月二五日付けで「精神薄弱児問題―本協会設立要旨―」というパンフレットを作成し、それを三月三〇日開催の全国私設社会事業大会で配布している。このパンフレットの要旨には、精神薄弱児を社会問題、教育問題としてとりあげるべき理由を四つの点から説明している。それは、①遺伝問題と関連する除去、発生防止、②犯罪、浮浪、売淫、酒毒などの社会問題と関連して害悪を防止する主眼、③学童保護のための特殊教育施設の普及と拡充の発達と進歩、④貧困問題、細民階級の家庭問題と関連した「異常児」の適切な処遇である。精神薄弱児の問題が単に精神薄弱のある子どもだけにかかわる問題ではなく、社会と関連した問題であることを訴えている。

続いて愛護協会は、昭和一〇年一〇月二三～二六日に開催された財団法人中央社会事業協会主催の第八回全国社会事業大会で、「精神薄弱保護法」の制定を提案するための準備にとりかかる。社会事業大会とは、財団法人中央社会事業協会が主催した大会で、第八回全国社会事業大会の開催は大正一四（一九二五）年の第七回大会以来、一〇年ぶりの開催で、内務省、司法省、文部省、東京府などが後援に入っていた。

愛護協会は以下のような準備を進めた。まず、昭和一〇年一二月二一日の第二回愛護協会総会で、第八回全国社会事業大会第一部会で「精神薄弱児保護法の制定に関する要望と其の理拠」を配布することを決め、作成する。この要望書では、公立施設の完備と大規模な施設の設置を含んだ法律の制定を訴えていた。また、そのような法律が必要な理由を次の三つの「理拠」（根拠）で示した。それは、①他の児童を保護する法律では精神薄弱児を保護できない、②「身心異常児」に関する社会的関心が深化している、③現在の子どもに関する法律や制度、そして既存の関連する機関で精神薄弱児を保護するために具体的な施策が必要である、などであった。

そして第八回全国社会事業大会の二日目、久保寺が第一部第四委員会で、第三七号議案の「精神薄弱児童保護法並に身体欠陥児童保護法制定方建議の件」で、精神薄弱保護法の制定要望を説明する。その説明の中で、久保寺は滝乃川学園の石井園長と藤倉学園の川田園長の言葉としながらも、精神薄弱児には教養を授けるに足りる能力をもっていること、精神薄弱児には救済を受ける権利と生存する権利があるとも述べ、精神薄弱児の権利も強調する。この決議案は無事可決され、精神薄弱児を対象にした保護法について委員会を設け検討がなされることになる。

事実、第八回全国社会事業大会終了後、第八回全国社会事業大会継続委員会の第三委員会（「身体並びに精神異常児及び少年救護法改訂に関する継続委員会」）が設置され、川田に委員が委嘱され、幹事として愛護協会から久保寺、林、藤本の三名が参加する。委員会は、昭和一一（一九三六）年四月から開催され、結果として昭和一二年一〇月二七日に「精神異常児保護法」制定に関する最終決定法案を作成し、昭和一三年四月二〇日には中央社会事業協会より「精神異常児保護法の制定及之が保護施設拡充方要望に関する件」を総理、厚生、文部、大蔵各大臣に建議する。なお、第八回全国社会事業大会以後、精神薄弱児保護法の制定について、昭和一四（一九三九）年の第四回全国児童保護大会、昭和一五年の紀元二千六百年記念全国社会事業大会等においても協議内容としてあげられる。

一方で継続委員会の審議前後に、愛護協会は第三～五回の総会を開催するとともに、「精神薄弱児問題座談会」（昭和一二年二月二五日）を催す。この座談会には一八名が参加し、久保寺も参加した。参加者は就学前段階、義務教育段階、司法分野など各分野の視点や立場から発言し、久保寺の発言はというと、彼は精神薄弱児施設がおよそ一〇か所あり、その規模が三〇名程度であること、精神薄弱児の程度が混在している状況を説明する。続けて久保寺はより多くの施設を設立し、男女別、智能別に分類して収容することが望ましいと述べ、現在は施設の数が少なく、収容力が乏しく遺憾であると発言する。このように久保寺は、愛護協会の幹事としてパンフレットを作成し、第八回社会事業大会では代表して発言し、委員会や座談会に積極的で主体的に参加し精神薄弱児保護法の制定運動を行なっていくのである。

その他、久保寺は厚生省社会局の「異常児保護方策樹立懇談会」（昭和一三年五月三〇日～六月一日）、日本精神衛生協会の座談会（昭和一三年一二月七日）にも参加している。久保寺は前者の厚生省社会局の懇談会、一日目五月三〇日の「精神薄弱児に関する件」に参加している。なお、この懇談会の意見を参考にし、厚生省社会局は異常児童保護法（仮称）を、議会提出しており、その準備として精神薄弱児並びに身体異常児の調査を行うことにもなる。そして後者の日本精神衛生協会の座談会の冒頭で久保寺は、日本の精神薄弱児に対する対策の変遷と実情を説明している。しかしながら、残念なことに戦時情勢が悪化し、厚生省社会局が作成にとりかかろうとするも、戦前に精神薄弱児保護法が制定されることはなかった。また、さらに愛護協会は厳しい状況に直面する。それは昭和一一（一九三六）年の第三回総会前に滝乃川学園の石井園長が死去したのであった。次期会長の選定は難航し、次期会長は昭和一三年の第四回総会でも決定せず、昭和一四年の第五回総会で滝乃川学園の御厨規三が二代目会長に就任する。だが、昭和一六年には御厨が死去し、その後愛護協会の総会は昭和一八年に第六回総会が開かれただけであった。第五回総会以後は、愛護協会というよりは園長ら個人の名を連ねて活動がなされたといわれている。このように、戦前の愛護協会は精神薄弱児施設の団体として一時の勢いを失うのであるが、その要因の一つには、後述する久保寺の死去（昭和一七年一二月二四日）があった。久保寺は初代会長の石井が死去後、幹事として愛護協会の実質的な運営を担っていた。

第五章　貼絵への注目と精神薄弱児施設についての啓蒙活動

1　作品展の開催と作品集の刊行

八幡学園の園児は貼絵、水彩画、クレヨン画、木工など多種多様な活動に取り組んでいたが（第三章で先述）、園児の作品の一部を作品展で展覧するようになる。最初の作品展は昭和一三（一九三八）年一月二二～二三日に千葉県図書館で「異常児作品展」と題して開催された。この作品展では「異常児を語る座談会」が開かれ、久保寺が参加した。

そして昭和一三年一一月八～一一日までの四日間、早稲田大学大隈小講堂で「特異児童労作作品展」と題して催される。この早稲田大学での作品展は、早稲田大学心理学教室が主催し、戸川行男（当時は早稲田大学講師）が監修をつとめた。八幡学園が刊行した『創立六十周年記念誌』

では、先に開催された千葉県図書館での作品展を第一回、早稲田大学での開催を第二回と位置づけている。

戸川と八幡学園の繋がりは、昭和一〇（一九三五）年頃からのようで、彼は昭和一〇年頃より研究のため八幡学園に通い、昭和一一年三月ごろから、早稲田大学心理学教室の学生とともに園児の作品の変化などを研究していたといわれている。確かに、学園月報の『稽穂』には、昭和一一年三月三〇日に早稲田大学の内田勇三郎（一八九四―一九六六）と戸川が来園したこと、同年八月二〇日には戸川と学生が来園したことが書かれている。

昭和一三年一一月の早稲田大学における作品展は、当時、朝日新聞で「特異児童の自由画や木工品展―精神薄弱者の教育資料」と題して取り上げられている（朝日新聞　昭和一三年一一月一〇日）。この記事で、戸川は精神薄弱者にはきわめて強い特異性をもつ者がおり、そのような精神薄弱者が優れた木工物を作り、クレパスのような物で「絵を書くことを教

精神薄弱児童養護展覧会　昭和 14 年大阪にて

へられた事のない児童が立派な絵画を作り出すことが多い」、と精神薄弱者の優れた特技や才能を特異という言葉を用いて説明している。また、この早稲田大学での作品展は、もっぱら園児の絵画や貼絵が出展されたかのような印象を受けがちであるが、木工細工などの手工芸品も出展されていた。

木工作品などの手工芸品や絵画、貼絵などの芸術作品は昭和一四（一九三九）年一月二四〜二七日の四日間、大阪で開催された精神薄弱児童養護展覧会にも出展された。この展覧会には他の精神薄弱施設も作品を出展しており、関西からは白川学園、桃花塾、三田谷治療教育院が、関東からは八幡学園とカルナ学園が出展していた。八幡学園の出展作品は、針金細工（七点）、糸鋸細工（三〇点）、貼紙細工（七〇点）、図画作品（七五点）、額入り貼紙細工（一一五点）、貼紙細工の額皿（二六点）、写真（九〇点）、竹細工（五〇点）、木工細工（一〇点）、読方綴（四点）、木彫人形（六〇点）、表（二点）であった。また、展覧会二日目には「特別学級関係者を中心にした懇談会」が開催されており、八幡学園から久保寺と主事の渡辺が参加している。

さらに早稲田大学大隈小講堂の作品展のおよそ一年後、今度は昭和一四年一二月八〜一二日までの五日間、銀座の画廊・青樹社で、美術雑誌出版社のみづゑ春鳥会の主催で「特異児童作品展」が開催される。この作品展にあわせて昭和一四年一一月には学園児童の作品集『特異児童作品集』が春鳥会より刊行されている。絵画選定の中心は、画家の安井曾太郎（一八八八―一九五五）であった。安井は早稲田大学大隈小講堂での作品展に出向いており、とくにそこで「貼紙絵」の作品に驚き、戸川からの依頼を受けて絵画の選定を行ったのであった。安井は、絵画を選定するため戸川と一緒に八幡学園も訪れている。

この銀座の画廊・青樹社における作品展は、朝日新聞と読売新聞が記事に取りあげるほどであった。朝日新聞の昭和一四年一二月六日の記事では「画壇人さへ驚く芸術味豊かな作品―八日から開く特殊児童の絵画展」と題し、読売新聞の昭和一四年一二月一三日の記事では「普通児に勝る美的能力特異児童の導き方はめ込み主義では失敗」と題して作品展を取り上げている。いずれの記事も作品を作成したのは精神薄弱児（特異児童）であり、なおかつ八幡学園の園児であること、そしてなぜこのような作品ができたのかが、久保寺や戸川へのインタビューと絡めて記述されている。

なお、一連の作品展と画集の刊行が八幡学園に反響を巻き起こしたことが、次のような出来事からわかる。まず八幡学園は、昭和一四年四月、既存の八幡学園東京出張所（昭和七年設置、下谷区三ノ輪町九九）に三輪異常児童相談所を開設している。この相談所の紹介文を見ると、開催日時は毎週土曜日の午前一〇時～午後五時、検査料一円（事情によっては無料）、所長は鵜飼俊成（一八九五―？）、心理検査を早稲田大学の戸川行男と宮田義雄、指導・教養相談を八幡学園の久保寺と主事の渡辺が担当したようである。『特異児童作品集』の編集後記には、八幡学園の参観は園児への影響を考え一切断っていること、児童相談は早稲田大学文学部心理学教室、あるいはこの相談所に問い合わせするよう勧めており、八幡学園に相談が殺到していたことが想像できる。

そして、作品展に出展した貼絵の評判が高かった園児Bが八幡学園からいなくなる。かの有名な放浪のはじまりである。主事の渡辺によれば、作品集の刊行以降、この園児Bと彼の貼絵を観るために訪ねる人が出てきたが、渡辺らは「極力見世物的ならぬ様に気を配ったが、彼の存在がマークされないわけにはいかない。色々賞賛や激励の言葉が与えられている最中、昭和一五年一一月八日、突然学園から姿を消した。」のであった。

2　作品展への反響と戸川行男の『特異児童』刊行

銀座での作品展の翌年、戸川は昭和一五（一九四〇）年に『特異児童』を目黒書店から刊行する。この著書は、これまでの作品展や画集とは異なり、八幡学園での園児の生活に焦点を当てた内容で、戸川が聞いたり見たりした彼の視点から書かれている。そして戸川は序で、特異児童とは低能児の別名であることを説明し、先に刊行した『特異児童作品集』が、思わくとは異なる解釈や印象を人々に与えてしまったことを率直に記している。そもそも戸川は、『特異児童作品集』の刊行を通して、人々が特異児童に対する認識を新たにし、彼らにどのような教育を提供すべきか、といった彼等の存在と彼等を対象にした教育への理解が深まることを意図していたのであった。だが、画集や作品展の開催によって特異児童は絵がうまい子どもであるといった表面的な解釈や、八幡学園は美術学校であるというような誤解が生じてしまったのだ。戸川によればこの誤解によって八幡学園への来園者が増加し、学園がその応対に追われる事態になってしまった。いずれにせよ、早稲田大学での作品展からはじまる一連の作品展や展覧会、そして画集の刊行によって、昭和一三（一九三八）年以降、八幡学園が一躍注目を受けたことは事実である。

なお、八幡学園の園児の絵画を紹介した人物の一人に医師の式場隆三郎（一八九八―一九六五）もあげられる。式場は昭和一一年から八幡学園の顧問医であったが、三頭谷鷹史『宿命の画天使たち　山下清・沼祐一・他』によれば式場が園児の貼絵を紹介したのは戦後であり、戦前の八幡学園の園児の作品が世に入れられたのは、戸川の存在が大きかった。

ところで戸川が八幡学園の園児の作品を紹介する際に、前述の昭和一三年一一月一〇日の朝日新聞の記事で「絵を書くことを教へられた事のない児童が立派な絵画を作り出すことが多い」とか、『特異児童作品集』の中で、「八幡学園には図画の先生などといふ本職の専門家は一人も居ない」と述べることがある。この戸川の発言や記述には若干の補足が必要である。先に（第三章）八幡学園の教師（嘱託も含む）が主に親族であり、その中に芸術に秀でた人物がいたことはすでに述べたが、戸川もまた彼の著書『特異児童』の中で、その点は認めている。つまり戸川のいう芸術を専門にした教師が八幡学園にはいない、という記述の意図を正しく解釈すれば、芸術に関する専門性のある者が、あるいは八幡学園の教師が絵画などの技法や技術を園児に指導したことによって芸術作品が完成したのではなく、八幡学園の教師が園児の持つ能力や才能を引き出した、と戸川は伝えているのである。下記に、戸川の言葉を引用したい。

八幡学園の方針は徒らに知識を注入したり或る型に押込んだりしない所にある。子供を愛護し健康にし活溌にし彼等が自から自己の技能を発揮する如く導びいてゆく

（『特異児童作品集』七七頁）

このことは、現在の知的障害児教育においても当然である。知的障害のある子どもを教育するには、教師が子どもの様子や興味関心を観察に基づいて理解し、その子どもが必要とする教育を提供することが不可欠である。教師は子どもの発達を促すためにあえて見守るし、見守りも教育方法の一つである。八幡学園で行われた教育や処遇方法には、今なお引き継がれる知的障害児教育の原理原則があったといえよう。ただし、当時の精神薄弱児施設で行われた処遇方法は各施設の園長の経験や施設の立地条件によってその施設の持ち味があったことは事実である。その点において、八幡学園が作業に絵画といった芸術的要素のある活動を取り入れたことと、久保寺の親族に芸術に秀でた人物がいたこととの関係は少なからず否定できないだろう。

3 久保寺の作品展に対する思いと「学園標語」

さて、久保寺は一連の作品展の開催や作品集の刊行をどう捉えていたのだろうか。久保寺は、昭和一三（一九三八）年一一月五日の『少年の保護』という雑誌で「知能低弱なる特異児童の労作と教養について」を執筆し、その中で「貼絵の効用」を述べている。執筆時期から見て、早稲田大学での作品展の前になる。久保寺は八幡学園で貼絵を行う際に必要な五つの考慮事項を説明するとともに、貼絵が他の材料に比べて、「情意的陶冶」となる効果をあげていると述べており、作業活動の一つとして貼絵を選択することの有用性を認めている。また、久保寺は一四年の『特異児童作品集』で「園児作品集の出版に方りて」という文章を寄せている。ここでは、どの作業がどのような特性を持つ精神薄弱児に適しているかが説明されている。

気むづかしい短気の子が木細工、竹細工に妙技を示してゐます。

口うるさく興奮性の子がミシン裁縫や毛糸細工や刺繍やにいそしみ、生来の善良性は自ら団長の格を示してよく小さい子供達を指導してゐます。泣き虫で本当に意気地のない子が唱歌詩吟に特技を示し、我が意を得たといふ態で喜び勇んで歌つてゐます。また、言語不能の白痴児がクレヨン画、貼絵等に良く自己の気質を表はし奇異な表現をつゞけてゐます。（二一頁）

貼絵教室

また、久保寺は作品集に取り上げられた作品は八幡学園の一部の園児の作品であること、貼絵といった絵画的作品だからこそ物理的に展示できたとも述べる。つまり八幡学園には物理的に残らない作品も創作されていた。それは大地やボールド（黒板）にチョークで描いた絵であった。八幡学園では絵を描くこと一つにしても、既存の概念にとらわれず園児それぞれに応じた道具や材料を用いて、彼らの発達を促していたことがわかる。このような園児との向き合い方は、現在もなお受け継がれる八幡学園の「学園標語」に表現されている。

踏むな　育てよ　水そゝげ

この「学園標語」がいつ頃から用いられたのかは特定できないが、久保寺が昭和一四（一九三九）年に執筆した「異常児を有って悩める母性へ十の希望」や、昭和一五年執筆の「特異児童を護れ」冊子に「学園標語」

が載せられている。久保寺が目指した精神薄弱児との接し方、そして精神薄弱児施設像が示された標語である。

久保寺は、作品集に寄せた原稿の中で精神薄弱児保護法制定の必要性と制定運動の動向にも触れている。八幡学園が貼絵で注目されたこの時期は、精神薄弱児保護法の制定活動を行っていた愛護協会が一時期の勢いを失った時期である。久保寺は貼紙によって八幡学園に向けられた注目を八幡学園だけに留めず、精神薄弱児や精神薄弱児施設にかかわる問題や課題にまで広げようとしたのであった。実際、彼は次節で説明するように作品展と併せて講演を行い、精神薄弱児施設に対する啓蒙活動を繰り広げている。

4　大連市における精神薄弱児施設についての啓蒙活動

八幡学園には作品展の開催と久保寺への講演依頼がくるようになる。とくに昭和一四（一九三九）年七月二七日から九月一日までの一か月、久保寺は旧満州の大連市、奉天（瀋陽）市、新京（長春）市、吉林市、ハルピン（哈爾濱）市、日本統治下朝鮮の京城府（ソウル特別市）を巡り、そのうち大連市で八月一日〜三日、奉天市で八月九〜一〇日に講演を行い、座談会を八月三日に大連市で、懇談会を八月一五日に新京市で行っている（括弧内は現行名）。

八月一〜三日に大連で開かれた講演会の主催者は関東州庁、大連市役所、満鉄会社、財団法人満州社会事業協会、財団法人聖徳会であった。久保寺は「昭和一四年度社会事業及び社会講習会」の講師として登壇し、講演題目「人的資源確保と児童保護」と題して講演し、八幡学園園児の作品展も同時開催した。講習会全体の参加者は三〇〇名で、大連を中心とした社会事業に従事する人々が多数参加した講習会であった。

この講習会の講演内容は「社会事業講習会速記録」にまとめられ、一千部が印刷配布された。久保寺の講演内容は、当初は他の項目についても話をする予定であったが、「興亜大業達成のための児童問題新動向」、「皇室の児童愛護に関する御仁慈」、「精神異常児に関する究明と対策」の三つに絞って話題を提供した。

まず、「興亜大業達成のための児童問題新動向」の項目で久保寺は、「身体虚弱者、不具者、盲聾唖、肢体不自由児、精神薄弱児、変質児、性格異常児、精神病、神経病の子ども」といった子どもが適切な指導、保護、救済を受けることによって人的資源になると説明する。人的資源とは、戦時下の厳しい状況の中で、人そのものを資源として捉えようとする考え方で、現在ではまかりならぬ捉え方であるが、当時の時勢を映す言葉である。久保寺は精神薄弱児をはじめとする障害のある子どもへの教育や処遇の必要性を時節の言葉を使って説いていた。

次の話題は、「皇室の児童愛護に関する御仁慈」である。久保寺は、飛鳥・奈良時代の推古天皇の時代にさかのぼり、徳川時代、明治時代などに皇室が行ってきた直接的、間接的な児童愛護について説明し、恩賜財団などによる奨励金が社会事業に向けられ、現在も行われていることを述べ、それらに感謝を示している。彼が皇室の活動をこの講演会で取りあげた理由は、精神薄弱児を含めた児童愛護の有用性を参加者に示す意図があったといえよう。

そして最後の話題、「精神異常児に関する究明と対策」で久保寺は、精神薄弱児の障害の特性を説明し、八幡学園園児の絵画作品を例にあげながら、八幡学園での教育が成果を話す。そして精神薄弱児に「出来るだけ教育上均等の機会を与え」れば人的資源になり得ることを強調する。大連での講演内容から、久保寺は人的資源という時節の言葉を使いながら、精神薄弱児や障害のある子どもがかけがえのない存在であること、彼らに教育の可能性と効果が期待できることを説明し、精神薄弱児に対する聴衆の理解を啓蒙しようとしていたのである。

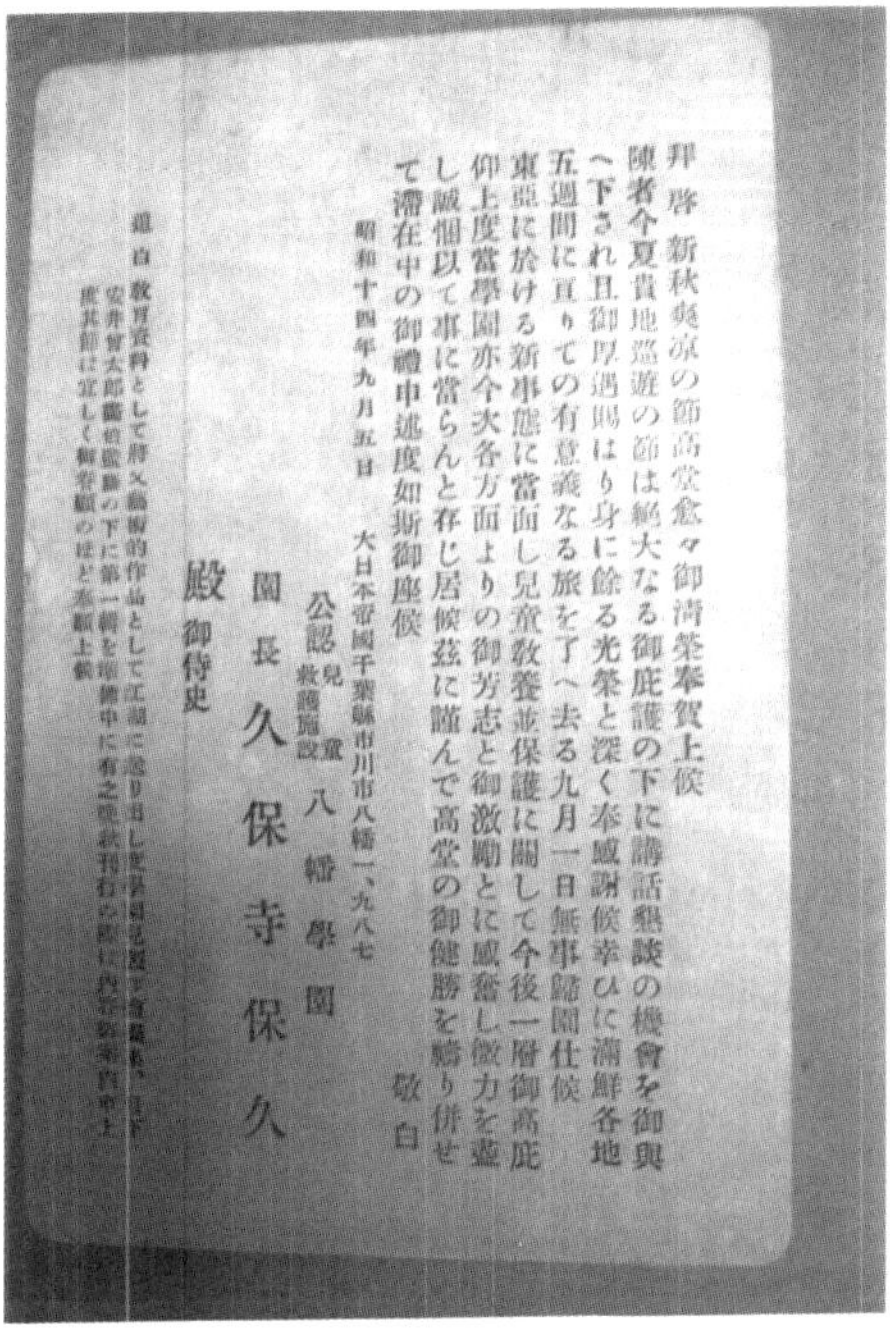
拝啓 新秋爽涼の節高堂愈々御清榮奉賀上候
陳者今夏貴地巡遊の節は絶大なる御庇護の下に講話懇談の機會を御與へ下され且御厚遇賜はり身に餘る光榮と深く奉感謝候幸ひに滿鮮各地五週間に亘りての有意義なる旅を了へ去る九月一日無事歸園仕候
東亞に於ける新事態に當面し兒童教養並保護に關して今後一層御高庇仰上度當學園亦今次各方面よりの御芳志と御激勵とに感奮し微力を盡し誠悃以て事に當らんと存じ居候茲に謹んで高堂の御健勝を禱り併せて滯在中の御禮申述度如斯御座候
敬白
昭和十四年九月五日
大日本帝國千葉縣市川市八幡一、九八七
公認 兒童救護施設 八幡學園
園長 久保寺保久
殿 御侍史
追白 教育資料として[illegible]

講演旅行滞在先宛お礼のはがき　久保寺玲氏所蔵

なお、大連での講演会の後行なった奉天市での講演会（後援は協力和会奉天市本部、奉天省社会事業連合会、市公署）の内容は、資料収集の限界から明らかにはなっていないが、題目は「国を中心とした婦人民精神総動員および人的資源の確保のため児童保護と母の務め」であった。

第六章　久保寺の死去と現在の八幡学園

久保寺は、昭和一七（一九四二）年一二月二四日午後一一時二五分に逝去する。享年五一歳であった。

久保寺の体調不良は秋ごろからはじまり、昭和一七年一〇月頃空腹時に胃に痛みを感じ、一一月末には貧血の症状が出るようになる。そして一二月一八日に胃潰瘍で入院し、経過良好とみていた中、一二月二一日午後に潰瘍部分が穿孔、激痛を伴うも手の施しようがなく、一二月二三日に悪化し、翌日他界した。告別式は一二月二八日に東京の青山斎場で執り行われた。

この時、八幡学園は学園移転の真最中であり、久保寺が力を尽くした精神薄弱児保護法もまだ制定されていなかった。八幡学園にとってはもちろんのこと、他の精神薄弱児施設にとっても要となる久保寺保久を失ったのであった。その後、八幡学園は、長男光久が二三歳という若さで二代目園長に就任する。母美智子と、主事渡辺が光久園長を支え、戦中期の食糧不足や戦後の浮浪児問題などを乗り越えていく。

現在、八幡学園は令孫の久保寺玲氏が三代目理事長・園長に就任している。また、久保寺保久が設立した八幡学園は社会福祉法人春濤会となり、次の三つの障害児福祉事業を展開している。

①福祉型障害児施設「八幡学園」
②児童発達支援センター「こども発達支援センターやわた」
③放課後等ディサービス「ひまわり」

①の八幡学園は久保寺保久が設立した学園を継承した入所型の施設である。②「こども発達支援センターやわた」と③「ひまわり」は、地域

で暮らす障害のある子どもの生活を支えている。なお、三つの事業は共通して障害のある子どもを対象にしている。戦前に設立された精神薄弱児施設の中には、戦後、成人した園児の処遇や過齢児問題に直面し、成人の精神薄弱者（知的障害者）を対象にした施設の運営を追加することがほとんどであった。だが、八幡学園は戦前から変わらず子どものみを対象にしており、珍しいことである。

そして芸術活動もしっかりと受け継がれている。美術大学を卒業したプロの画家を非常勤講師として雇い入れ、八幡学園では週三回「造形教室」が、ひまわりでは土曜日に「創作工房」を開いている。八幡学園の「造形教室」は希望する園児が参加する活動である。なお、現在でも時折、「造形教室」で創作した作品が地域の絵画作品展に出展されている。

また、これとは別に「八幡学園」山下清展事業委員会（代表は松岡一衛氏）によって、戦前期の精神薄弱児の作品を集めた『山下清とその仲間たちの作品展』が開催されている。この作品展では戦前の八幡学園に入所していた園児の作品だけでなく、作品が描かれた時期の八幡学園の様子や社会事業（社会福祉）に関する解説もなされている。そのため作品展を訪れた人々が、久保寺保久や八幡学園が果たしてきた役割を知る機会にもなっている。一方で八幡学園にとっては久保寺保久が残した「踏むな育てよ　水そゝげ」の信念を今なお継承し伝える機会にもなっている。

久保寺保久編（1936.10）第 8 号、児童教化八幡学園
渡辺実編（1968.5）第 1 号（再刊）、社会福祉法人八幡学園
渡辺実編（1968.7）第 2 号（再刊）、社会福祉法人八幡学園
渡辺実編（1968.9）第 3 号（再刊）、社会福祉法人八幡学園
渡辺実編（1982.2）第 1 号（復刊、通刊 22 号）、社会福祉法人八幡学園
渡辺実編（1984.3）第 5 号（復刊、通刊 26 号）、社会福祉法人八幡学園

八幡学園学園日誌

昭和 12 年八幡学園学園日誌（淑徳大学アーカイブズ）
昭和 13 年八幡学園学園日誌（淑徳大学アーカイブズ）
昭和 14 年八幡学園学園日誌（淑徳大学アーカイブズ）
昭和 15 年八幡学園学園日誌（淑徳大学アーカイブズ）
昭和 16 年八幡学園学園日誌（淑徳大学アーカイブズ）

八幡学園入所児日記

昭和17 年入所児A絵日記(社会福祉法人春濤会八幡学園所蔵)

新聞記事

朝日新聞、昭和 13 年 11 月 10 日「特異児童の自由書や木工作品展―精神薄弱者の教育資料」
朝日新聞、昭和 14 年 12 月 6 日「画壇人さへ驚く芸術味豊かな作品―8 日から開く特殊児童の絵画展」
朝日新聞　昭和 59 年 1 月 5 日朝刊「朝日社会福祉賞　渡辺実　苦闘の時代支え 55 年」
都新聞　昭和 14 年 5 月 6 日「異常児虚弱児へ新しい扉をひらく　両相談所活動を開始」
読売新聞　昭和 14 年 12 月 13 日「普通児童に勝る美的能力　特異児童の導き方　はめ込み主義では失敗」

URL

京都大学歴代総長・教授・助教授検索システム
https://kensaku.kua1.archives.kyoto-u.ac.jp/rireki/
最終閲覧日 2017 年 10 月 20 日

30年』千葉県立中央図書館創立三十周年記念事業後援会
塚本伴治・渡辺実・宇佐美喜作・植山つる・菅野重道・長谷川匡俊（1980）座談会　千葉県における精神薄弱児・者福祉活動のあゆみ『千葉県社会事業史研究』2、23-48頁
戸川行男（1949）『特異児童　増補版』目黒書店（1949年度15版を使用）
中久郎（2002）『米田庄太郎―新総合社会学の先駆者―』東信堂
林静夫（1940）精神薄弱児救護施設八幡学園参観記『柔道』、11（10）、30-32頁
林善順・藤本克己編（1937）『愛護』1（4～7）、日本精神薄弱児愛護協会
平田勝政（1995）戦前の社会事業分野における「精神薄弱」概念の歴史的研究Ⅱ（下）―全国社会事業大会等における「精神薄弱」関係用語・概念の検討―『長崎大学教育学部教育学科研究報告』49, 59-76頁
藤本克己編（1936）『愛護―創刊号―』1（1）、日本精神薄弱児愛護協会
藤本克己編（1937）『愛護―石井先生古稀記念号―』1（2･3）、日本精神薄弱児愛護協会
三頭谷鷹史（2008）『宿命の画天使たち　山下清・沼祐一・他』美学出版
三頭谷鷹史（2016）八幡学園の山下清と沼祐一『REAR』、38、41-44頁
『三輪異常児童相談所』（不明）（淑徳大学アーカイブズ）
渡辺実（1956）「山下清君のこと」『山下清放浪日記』現代社〔『人間の記録第98巻』日本図書センター（1999）所収〕
山田明（2009）『戦前知的障害者施設の経営と実践の研究』学術出版会

八幡学園学園月報『稽穂』（淑徳大学アーカイブズ）
久保寺保久編（1936.4）第4号、児童教化八幡学園
久保寺保久編（1936.5）第5号、児童教化八幡学園

に輝く人々』全国社会福祉協議会〕〔『社会福祉人名資料事典第4巻』日本図書センター（2003）所収〕
『故久保寺保久先生略歴』（1948頃）（淑徳大学アーカイブズ）
財団法人日本精神薄弱者愛護協会編（1984）『日本愛護五十年の歩み』財団法人日本精神薄弱者愛護協会
児童教化八幡学園（1929）『雛』（社会福祉法人春濤会八幡学園所蔵）
児童教化八幡学園（1935頃）『精神薄弱児児童保護教養施設児童教化八幡学園事業要覧』（社会福祉法人春濤会八幡学園所蔵）
児童教化八幡学園（1937）『沿革大要』（淑徳大学アーカイブズ）
社会福祉法人八幡学園六十周年編集委員会編（1988）『社会福祉法人八幡学園創立六十周年記念誌』社会福祉法人八幡学園
『収支決算報告書』昭和11～16年度（淑徳大学アーカイブズ）
『精神薄弱児児童保護教養施設―児童教化八幡学園概要―』（1935）（淑徳大学アーカイブズ）
高野聡子（2013.3）八幡学園における入所児の障害と教育・保護の内容―昭和7（1932）～昭和12（1937）年を中心として―『障害科学研究』37、197-211頁
高野聡子（2013.8）文学やアートにおける日本の文化史―八幡学園における芸術教育の歴史：知的障害児の発達を育む絵画と造形作品文学やアート『ノーマライゼーション』33（8）、44-46頁
高野聡子（2015）八幡学園における入所児の実態と教育・保護の内容―昭和12（1937）～同17（1942）年の処遇方法と物的・人的環境を中心として―『障害科学研究』39、37-51頁
高野聡子（2018）少数の私立精神薄弱児施設の設置と教育・生活統合的形態の導入および戦争（第10章第1節）中村満紀男編著『日本障害児教育―戦前史―』1009-1030頁、明石書店
千葉県立中央図書館創立三十周年記念事業後援会編（1956）『千葉県立中央図書館三十年略史―大正13年～昭和

参考文献（編著者五十音順）

市川市勢調査会（1939）『市川市勢総覧』
大下正男編、安井曾太郎・戸川行男・久保寺保久著（1939）『特異児童作品集』春鳥会
大泉溥編（2003）『日本心理学者事典』クレス出版
大内郁（2010）昭和10年代「特異児童作品展」と同時代の「能力」言説―試論『千葉大学人文社会科学研究』21、62-74頁
大阪朝日新聞社会事業団（1939）『精神薄弱児童養護展覧会概要.大阪朝日新聞社会事業団』、平田勝政・高橋淳子解説（2006）『知的・身体障害者問題資料集成　戦前編　第13巻』不二出版所収
北畑茂兵衛（1896）『東京市下谷区全図　明治29年2月調査』
北原保雄編（2011）『明鏡国語辞典第二版』大修館書店（電子辞書版）
久保寺光久監修（2004）『山下清とその仲間たち　特異児童画の世界』「八幡学園」山下清展事業委員会
久保寺保久（1935.1）精神異常児の処遇に就て『育児事業研究』2、19-30頁
久保寺保久（1935.12）異常児保護の精神的要素と技術的要素『八幡学園CTE叢書』1-5頁（社会福祉法人春濤会八幡学園所蔵）
久保寺保久（1936）精神薄弱児の心理学的分析『私設社会事業』37、8-11頁
久保寺保久（1938）知能低能なる特異児童の労作と教養に就いて『少年の保護』95、2-4頁
久保寺保久（1939）『異常児を有って悩める母性へ十の希望』（社会福祉法人春濤会八幡学園所蔵）
久保寺保久（1940）人的資源確保と児童保護―主として精神異常児の観点より―　松澤光一編『社会事業講習会速記録』57-110頁、財団法人満州社会事業協会
久保寺保久編（1940）『特異児童を護れ』八幡学園（社会福祉法人春濤会八幡学園所蔵）
厚生省社会局監修、全国社会福祉協議会編（1959）『栄誉

昭和 17（1942）年　51 歳

1 月、日本少年救護協会理事を委嘱される
2 月、市川市青少年保導協会主事を委嘱される
10 月、空腹時に胃の痛みあり
11 月末、貧血症状
12 月、胃潰瘍で入院
12 月 24 日逝去

作品展」開催
11月、市川職業紹介所連絡委員を委嘱される
12月、日本精神衛生協会評議員に推挙される
同月、手工芸作業所竣工

昭和14（1939）年　48歳

4月、八幡学園東京出張所内に三輪異常少年相談所を開設
7月27～9月1日まで、旧満州の大連市、奉天（瀋陽）市、新京市（長春）、吉林市、ハルピン（哈爾濱）市及び日本統治下朝鮮の京城府（ソウル特別市）を巡り、講演を行う　（　）内は現行名
11月、『特異児童作品集』刊行
12月8～12日銀座の画廊・青樹社にて「特異児童作品展」（みづゑ春鳥会主催）開催
千葉地方社会事業委員会委員を委嘱される

昭和15（1940）年　49歳

1月、『特異児童作品集』を皇室へ献上する
2月、千葉県社会事業協会評議員を委嘱される
5月、学園移転の計画を作成
7月、東京府精神薄弱児取扱規定に依る児童の収容を開始、千葉県協和会市川支会・船橋支会の顧問を委嘱される
10月、厚生大臣より社会事業功労者として表彰される
10月12日、高松宮邸茶会の招待を賜る
11月、皇紀二千六百年記念式典に千葉県民総代として参列、紀元二千六百年祝典記念章を受ける、学園特別御下賜金拝受
12月、戸川行男著『特異児童』刊行

昭和16（1941）年　50歳

2月、市川市北方への移転はじまる（昭和18年完了）
3月、少年教護委員を委嘱される
11月、少年保護司を嘱託される

2月、文部省主催「精神薄弱児童養護施設講習会」の受講終了
3月、中央社会事業協会主催「社会事業指導者養成講習会」受講終了
7月、三男新逝去

昭和8（1933）年　42歳
1月、御下賜金拝載（その後、毎年恩命を受ける）
3月、林蘇東（浅草寺カルナ学園主任）と「異常児保護連盟」を構想

昭和9（1934）年　43歳
10月22日、日本精神薄弱児愛護協会設立、常任幹事に就任

昭和10（1935）年　44歳
4月、千葉県少年救護委員を委嘱さる
9月、「児童虐待防止法」による児童中の精神薄弱児の収容を開始
10月24日、第8回全国社会事業大会第一部第四委員会、第37号議案にて「精神薄弱児保護法」制定を要望
11月、第8回全国社会事業大会継続委員会の第三委員会に幹事として参加
12月、八幡学園創立7周年記念式を挙行

昭和11（1936）年　45歳
6月、千葉県が東京少年審判所管下に編入するにあたり、千葉県知事より感謝状を拝受（永年尽くした事に依り）
7月、『愛護』創刊号を発行

昭和12（1937）年　46歳
5月、聖光寮の2階増築
6月、「救護法」による救護施設として認可される

昭和13（1938）年　47歳
1月22～23日千葉県図書館にて「異常児作品展」開催
9月、社会事業法実施に当り同法第1条第2項該当として届出完了
11月8～11日早稲田大学大隈小講堂にて「特異児童労作

大正 14（1925）年　34 歳
8 月、次女隆代出生
10 月、千葉県東葛飾郡八幡《やわた》町（現市川市）に移住

昭和 2（1927）年　36 歳
6 月、次男恭（彫刻家・堀川恭、-2018）出生
8 月、母里代逝去

昭和 3（1928）年　37 歳
12 月 12 日、「精神薄弱児保護施設八幡学園」創立
「聖愛寮」と「聖光寮」竣工

昭和 4（1929）年　38 歳
3 月 23 日、開園式挙行
「北八幡保育園」を開設（昭和 7 年 4 月まで八幡学園の附帯事業として経営）
4 月 20 日、八幡学園で日曜学校をはじめる
4 月 20 日、八幡町町会議員に選出される（2 年間務め、小学校教育や児童不良化防止に努める）
6 月、八幡学園で児童クラブをはじめる
千葉県より「児童不良化防止調査研究主事」に任命される

昭和 5（1930）年　39 歳
東京少年審判所より保護少年中の精神薄弱児の委託を開始
4 月、園舎「聖望寮」改増築

昭和 6（1931）年　40 歳
6 月、千葉県民間社会事業連盟を結成、常務理事に選出さる
9 月、八幡学園が隣保事業を止め精神薄弱児施設に特化する

昭和 7（1932）年　41 歳
1 月、「救護法」に依る精神薄弱児童の収容を開始
財団法人同善会内に「八幡学園東京事務所」を設置（東京市下谷区三輪町 99、現台東区三ノ輪）

大正元（1912）年　21 歳
同校を退学（教師の不品行を責め退校）、錦城中学校（現錦城学園高）に転校

大正 2（1913）年　22 歳
同校を卒業、第一高等学校（現東大教養学部等）英法科入学

大正 3（1914）年　23 歳
実家、本所区（現墨田区）向島三丁目に転居

大正 5（1916）年　25 歳
7 月、東京帝国大学英法科（現東大法学部）に入学

大正 7（1918）年　27 歳
秋から病、大正 9 年春まで 2 年間大学を休学

大正 9（1920）年　29 歳
春、石本美智子（1901-1996）と結婚
9 月、京都帝国大学哲学科（現京大文学部）へ転学
長男光久（-2012）出生

大正 12（1923）年　32 歳
3 月、京都帝国大学（社会学専攻）を卒業
4 月、高等学校高等科（哲学概説と心理及び論理）の教員免許状取得
8 月、大阪府立修徳館（現児童自立支援施設・修徳学院）に教諭として就職
9 月、関東大震災により実家を焼失

大正 13（1924）年　33 歳
4 月、大阪府立修徳館退職、東京に戻る
同月、長女美弥子（-1959）出生
10 月、久保寺軽金属工業所相談役に就任
12 月、父辰五郎逝去

久保寺保久年譜

参考：渡辺実（1988）「創設者久保寺保久先生の記」社会福祉法人八幡学園六十周年編集委員会編『社会福祉法人八幡学園創立六十周年記念誌』社会福祉法人八幡学園、18-21.
『故久保寺保久先生略歴』（1948年頃、淑徳大学アーカイブズ）

明治24（1891）年　0歳

10月24日、東京市下谷区西町1番地（現台東区東上野）に男5人兄弟の長男として誕生、父辰五郎24才、母里代22才、家業は洋食器製造

明治31（1898）年　7歳

4月、下谷区三輪町の私立同善尋常高等小学校尋常科に入学（後に財団法人同善会が経営、昭和9年廃校、現同善病院等）

明治35（1902）年　11歳

同校高等科に入学

明治38（1905）年　14歳

同校高等科卒業、城北銀行（大正元年解散）に雑用係として就職、正則中学夜学部（現正則中・高）入学

明治39（1906）年　15歳

他人の金銭上の間違いの責を負い、城北銀行を退職（後に事実判明する）、日本興業銀行（現みずほ銀行の前身の一つ）に就職

明治42（1909）年　18歳

日本興業銀行を退職、私立東京開成中学校（現開成中・高）2年に編入

●著者紹介

高野聡子（たかの・さとこ）

東洋大学文学部教育学科准教授。博士（心身障害学）。
専門は、特別支援教育。著書に『川田貞治郎の「教育的治療学」の体系化とその教育的・保護的性格に関する研究―小田原家庭学園における着想から藤倉学園における実践まで―』（大空社、2013 年）、論文に「八幡学園における入所児の実態と教育・保護の内容―昭和 12（1937）～同 17（1942）年の処遇方法と物的・人的環境を中心として―」（『障害科学研究』39 巻、2015 年）などがある。

●企画・編者紹介

津曲裕次（つまがり・ゆうじ）　1936 年生まれ。長崎純心大学客員教授。筑波大学名誉教授、高知女子大学名誉教授。専攻は知的障害者施設史。

故　一番ヶ瀬康子（いちばんがせ・やすこ）（1927 ～ 2012）日本女子大学名誉教授。専攻は高齢者・児童・障害者福祉など社会福祉全般。

シリーズ 福祉に生きる 71

久《く》保《ぼ》寺《でら》保《やす》久《ひさ》

定価（本体二、〇〇〇円＋税）

二〇一九年八月一一日発行

著者　高野聡子
編者　津曲裕次
発行者　鈴木信男
発行所　大空社出版㈱
東京都北区中十条四－三－二
電話　〇三（五九六三）四四五一
郵便番号　一一四－〇〇三二
www.ozorasha.co.jp

落丁乱丁の場合はお取り替えいたします

ISBN978-4-908926-14-3 C0023 ¥2000E

シリーズ　福祉に生きる

◇収録一覧◇

発行は　1～68巻・大空社
以降・大空社出版

1　山高しげり……………………鈴木聿子　著
2　草間八十雄……………………安岡憲彦　著
3　岡上菊栄……………………前川浩一　著
4　田川大吉郎……………………遠藤興一　著
5　糸賀一雄……………………野上芳彦　著
6　矢吹慶輝……………………芹川博通　著
7　渡辺千恵子……………………日比野正己　著
8　高木憲次……………………村田　茂　著
9　アーノルド・トインビー……高島　進　著
10　田村一二……………………野上芳彦　著
11　渋沢栄一……………………大谷まこと　著
12　塚本　哲……………………天野マキ　著
13　ジョン・バチラー……………仁多見巌　著
14　岩永マキ……………………米田綾子　著
15　ゼノ神父……………………枝見静樹　著
16　ジェーン・アダムズ……………木原活信　著
17　渡辺海旭……………………芹川博通　著
18　ピアソン宣教師夫妻／佐野文子……星　玲子　著
19　佐藤在寛……………………清野　茂　著
20　シャルトル聖パウロ修道女会……泉　隆　著
21　海野幸徳……………………中垣昌美　著
22　北原怜子……………………戸川志津子　著
23　富士川　游……………………鹿嶋海馬　著